Il futuro è carta

BRUNO ZAGO

Il futuro è carta

MONDADORI

Questo libro è dedicato a tutte le persone che hanno fatto parte della mia carriera lavorativa nel mondo della carta. A chi ha creduto in me e anche a chi ha dubitato, poiché mi ha spinto ancora di più ad abbattere ogni barriera.

A ogni operaio, ogni impiegato, ogni collaboratore, ogni responsabile che ha contribuito al successo di Pro-Gest in questi cinquant'anni va il mio più profondo ringraziamento.

SOMMARIO

PREFAZIONE

*Paolo Culicchi**

Agli inizi del 1973 le produzioni totali di carta e cartone risultavano di 3,6 milioni di tonnellate e quelle di carta per ondulatori a base macero solo di 0,57 milioni di tonnellate. Cinquant'anni dopo, alla fine del 2022, la produzione era rispettivamente di 8,7 milioni e di 2,85 milioni di tonnellate, passando da un 15% di carta riciclata a quasi un 35% sui volumi totali italiani.

Molto interessante è anche lo sviluppo della produzione di cartone ondulato che, nel periodo considerato, partiva da 1,1 milioni di tonnellate con grammatura media di 650 grammi al metro quadrato per arrivare a 4,3 milioni di tonnellate con grammatura di 535 grammi al metro quadrato. Un mercato che in cinquant'anni è quadruplicato.

È molto utile notare che nel contesto europeo (area CEPI – Confederazione Europea dei Produttori di Carta), con 85 milioni di tonnellate globali, oggi l'industria cartaria italiana, per quantitativi prodotti, ha raggiunto il secondo posto, dopo la Germania e prima di Svezia, Finlandia, Francia e Spagna. Un posizionamento encomiabile per questo mercato di produzione. Inoltre, nel contesto europeo il quantitativo totale di carta per ondulatori a base macero risulta oggi di circa 12.000 tonnellate (esclusa la Svezia che produce Kraftliner con bassa percentuale di macero), il cui 18% è rappresentato dal contributo italiano.

A contribuire a questo sviluppo sono stati certamente i consumi trainanti degli anni del miracolo economico italiano al quale ha partecipato come grande protagonista il mio amico Bruno

Zago con il suo Gruppo Pro-Gest, oggi il maggiore produttore italiano di questa tipologia di carta con circa 1,3 milioni di tonnellate annue prodotte e un miliardo di metri quadrati di cartone trasformato.

La storia dell'industria della carta in Italia di questo settore ha preso il via da piccole cartiere e ondulatori abbastanza primordiali rispetto agli attuali: negli anni Sessanta c'erano, infatti, circa 300 stabilimenti piccoli e medi attivi sul territorio. Tra il 1967 e il 1980 il settore ha accumulato parecchie esperienze anche nella carta a uso igienico sanitario, partendo dalla pasta legno e poi dalle prime fibre di recupero, soprattutto nel Lucchese, la terra dove ho maturato la mia esperienza professionale. Tradizionalmente, qui si producevano carte da imballaggio, sfruttando la paglia, che purtroppo si è rivelato un processo molto dannoso per l'ambiente. È stato così che i produttori locali hanno iniziato a usare materiale di riciclo. In quel distretto sono nati i precursori dell'uso di fibre secondarie per produrre nuova carta.

Negli anni Ottanta e Novanta, a seguito del continuo aumento di richiesta da parte dei produttori di imballaggi e anche per combattere la presenza sul mercato dei concorrenti esteri, soprattutto tedeschi e austriaci, le cartiere operanti nel settore hanno gradualmente proceduto al *revamping*, per aggiornarsi alle nuove tecnologie e aumentare quindi la loro capacità produttiva. Anche la contemporanea forte diminuzione di richiesta delle carte da stampa e da scrivere negli ultimi anni aveva costretto i produttori di tali carte, come era avvenuto in tutta Europa e su scala mondiale, a convertire i loro impianti modificandoli per la produzione del settore packaging. Scelta compiuta successivamente anche da Bruno Zago per la macchina continua alle Cartiere di Villa Lagarina di Trento.

Contestualmente, grandi gruppi stranieri hanno iniziato a guardare l'Italia con interesse, portando a termine diverse acquisizioni. Tutta questa attenzione da parte di gruppi esteri ha costituito un riconoscimento implicito alla capacità degli industriali italiani di ottenere carte giudicate positivamente anche dai produttori stranieri, i quali, fino ad allora, avevano basato tutto il loro ciclo produttivo sull'utilizzo di fibre vergini.

Tale complesso scenario non ha comportato nessuna costruzione di nuovi stabilimenti per un lungo periodo di tempo, con due sole eccezioni: quella della Cartiere del Polesine ad Adria nel 2004 e quella della Pro-Gest a Mantova nell'area ex Cartiera Burgo nel 2016, con una nuova macchina continua della capacità di 500.000 tonnellate annue che, per vastità dell'area su cui insiste, per la possibilità logistica offerta, per la bellezza dell'edificio, ma soprattutto per l'alta tecnologia, si colloca sicuramente ai vertici europei con un prodotto altamente competitivo sia per qualità sia per rispetto dei parametri ambientali.

Bruno Zago e la sua famiglia hanno saputo cogliere con profonda intuizione il valore della carta, investendo nei processi fin dai primissimi anni in cui le fibre di riciclo venivano prese in considerazione come materia prima secondaria, anziché come scarto. Hanno contribuito a creare un enorme valore per l'Italia e per l'industria cartaria, un mercato ancora oggi in continua espansione che, secondo recentissimi studi dei consulenti McKinsey (rivisti dopo la pandemia da Covid ma non dopo i fatti bellici in corso) nei prossimi dieci anni porterà la quota europea di crescita delle carte per ondulatori al 2,8% di media annua e, di conseguenza, dovrà essere alta anche la qualità del prodotto che consentirà di competere sul mercato internazionale.

Termino queste note quale profondo amatore della carta da sempre, orgoglioso di ricordare che l'industria cartaria italiana è riuscita, pur nelle recenti avversità, a tenere alto il prestigio che l'ha sempre contraddistinta nei tempi passati come industria molto flessibile nel panorama economico, con un forte ruolo sociale legato al riutilizzo e in grado di poter eccellere nella produzione di tutte le tipologie del prodotto "carta".

* *Paolo Culicchi, ingegnere, è uno dei massimi esperti del settore cartario in Italia e in Europa.*

CAPITOLO 1

LA MIA VOCE

Questa è la storia di una grande intuizione. Lo so, forse può sembrare presuntuoso, ma presuntuoso nella vita credo di non esserlo stato mai. Sono stato un gran lavoratore, ma non penso possa essere considerato un difetto. Anzi, ancora oggi, a settantatré anni compiuti, continuo a esserlo.

Se non mi credete, chiedetelo a mia moglie, compagna di vita e di salti nel vuoto, o ai miei figli, nelle cui mani ho riposto il futuro della nostra azienda, la stessa azienda lontano dalla quale non riesco a immaginare le mie giornate.

Del resto, a me lavorare è sempre piaciuto e, come sono solito dire, cos'altro avrei potuto fare?

Sono nato in casa, così come tanti della mia generazione, il 4 gennaio 1950. All'epoca, Maria e Giulio, i miei genitori, abitavano nelle campagne di un piccolo paesino della provincia trevigiana, Zero Branco.

Zero è il nome del fiume che attraversa questa cittadina, oggi popolata da poco più di 11.000 anime. Come ho raccontato tante volte ai miei figli, grazie a questo piccolo fiume e ai tronchi che trasportava naturalmente verso sud-est, è stata costruita Venezia. Da "zerotino" ne sono sempre stato molto fiero.

Lo sfruttamento delle sue acque ha permesso la costruzione di numerosi mulini sin dal Medioevo, alcuni dei quali hanno funzionato a pale sino agli anni Sessanta, dando lavoro a tante famiglie delle nostre zone. Zero Branco è un luogo ricco di storia, che a suo modo cerca di mantenere viva la propria identità. Un luogo che sembra staccato dal resto del mondo, senza nemmeno un collegamento ferroviario diretto, ma che affonda le proprie radici in una longeva tradizione artigianale e nel legame con la campagna veneta e i frutti della sua terra.

Sono nato povero.

Forse non dovrei raccontarlo o, almeno, non come se fosse un vanto. Ma io delle mie origini non mi sono mai vergognato. Tutt'altro. Quando osservo la mia casa, la mia azienda, ciò che ho costruito, quando guardo i miei figli, i miei nipoti e ripenso agli azzardi che hanno caratterizzato la mia esistenza, non posso fare a meno di sorridere e pensare che, in fondo, se non fosse stato per quella povertà, probabilmente avrei perso molte delle occasioni che mi hanno portato dove sono oggi. Forse non avrei neppure questa voce un po' roca, che mi accompagna da sempre e con la quale ho imparato a convivere. Un peculiare marchio di fabbrica, proprio come quello che rende il mio gruppo riconoscibile in tutto il mondo.

Una voce ruvida, a tratti sussurrata, ma che nei momenti cruciali della mia vita è riuscita a imporsi e a farsi ascoltare.

Mi sono chiesto spesso come iniziare il racconto della mia storia.

Una storia che si intreccia con quella della vita dei tanti uomini e donne che negli ultimi cinquant'anni hanno contribuito a costruire la più grande filiera integrata in Italia nel riciclo della carta.

Una storia che ha trovato la sua strada nell'incontro con Anna Maria, mia moglie, e la sua forza in Benedetta, Alessandra, Valentina e... finalmente Francesco, i miei figli.

Ho deciso di farlo partendo da una foto che conservo e che mi ritrae bambino. Credo me l'abbiano scattata a scuola, la stessa scuola che ho frequentato fino alla quinta elementare prima di lasciare i banchi per dedicarmi completamente al lavoro.

Eccomi bambino, avrò avuto circa sei o sette anni, guance paffute, sorrido all'obiettivo seduto al mio banco. Indosso il mio grembiulino arricchito da un fiocco. La mano poggiata su un libro aperto.

Eravamo tra la prima e la seconda metà degli anni Cinquanta. Gli anni di quello che è passato alla storia come il "miracolo economico", un periodo di grandi trasformazioni, caratterizzato da un particolare ottimismo, figlio del desiderio di ricostruzione che spinse gli italiani a risollevarsi dalle avversità e dall'estrema povertà derivate dalla guerra.

Un momento di rinascita che trovò la sua forza nel Piano Marshall e nello sguardo lungimirante di uomini come Luigi Einaudi, Donato Menichella ed Ezio Vanoni. Le industrie, che a causa della guerra si erano viste costrette a bloccare la produzione, ripresero la propria attività. Imprenditori come Adriano Olivetti diedero nuovo impulso ai settori produttivi, favorendo la ricostruzione e la rinascita economica. Nacquero nuovi istituti di credito, come la banca di credito finanziario, oggi nota ai più come Mediobanca. E se fino ad allora gli italiani non avevano potuto far altro che spendere i propri soldi in beni alimentari, finalmente l'opportunità di investire i propri guadagni in beni durevoli si trasformò in realtà e intere famiglie lasciarono le campagne per trasferirsi nelle città.

Insomma, erano anni di importanti cambiamenti, ma non per la mia famiglia che continuava a vivere nella campagna della provincia trevigiana e che riusciva ad arrivare a fine mese con grande fatica.

Il ricordo della guerra era ancora vicino. Le giornate trascorse chiusi in casa, con le orecchie tese ad ascoltare ogni piccolo rumore. Gli aerei tedeschi che sorvolavano il paese. Proprio a Zero Branco, una bomba inesplosa aveva causato la morte di uno zerotino che aveva provato a disinnescarla.

Mio padre era riuscito a evitare l'arruolamento, complice una poliomielite che all'età di tre anni lo aveva lasciato invalido, deformandogli un piede e una gamba.

Lavorava come calzolaio, ma i suoi guadagni non erano sufficienti a sostenere la nostra famiglia, anche perché il lavoro non era proprio tra le priorità della sua vita. Eppure, a detta di tutti era molto bravo, un vero e proprio maestro dell'arte calzaturiera. Non era raro che cominciasse la giornata senza avere nulla in mano e chiudesse la bottega solo dopo aver confezionato un paio di scarpe finito.

Forse gli mancava l'astuzia tipica del commerciante, ma soprattutto l'inclinazione a farsi pagare puntualmente.

La sua clientela era perlopiù composta da giovani signorine. Di solito, si presentavano alla sua bottega il lunedì mattina per chiedere la sostituzione dei tacchi sottilissimi che il sabato e la domenica precedenti erano stati consumati dal ritmo dei balli.

Il venerdì, in prossimità di un nuovo fine settimana, tornavano da lui per ritirarle, ma il più delle volte lo pregavano di pazientare perché, al momento, non avevano la possibilità di pagare, promettendo che sarebbero ripassate la settimana successiva per saldare il proprio debito.

Purtroppo, non tutte mantenevano la promessa fatta, anzi la maggior parte si presentava i giorni a seguire con nuove scuse, così alla sera, quando ritornava a casa, mio padre aveva con sé così poche lire che a volte non erano sufficienti nemmeno per fare la spesa.

Per fortuna, mia mamma è sempre stata una donna risoluta. Sin da bambina aveva dovuto rimboccarsi le maniche e affrontare una vita decisamente poco generosa. Dopo aver perso la madre all'età di otto anni, a dodici si vide costretta a dire addio anche al padre, colpito da un infarto mentre era al lavoro nei campi. Pur avendo cinque fratelli, si ritrovò sola perché la matrigna con cui crebbe non riuscì a compensare in alcun modo il vuoto lasciato dai suoi genitori.

Lavorava come sarta in un'azienda di confezioni, ma era brava anche a cucire gonne e vestiti. La ricordo spesso seduta alla macchina da cucire, intenta a confezionare i vestiti di Carnevale per i miei figli. Era bravissima anche nell'arte del rammendo, con lei i calzini bucati avevano sempre una seconda o una terza vita!

Non sono certo che sia stato il suo esempio, ma quando girovagavo tra i campi nei dintorni di casa, non perdevo occasione per dedicarmi a piccoli lavoretti trovati qua e là.

Ovviamente, non si trattava di lavori veri e propri, del resto ero solo un bambino, eppure mi consentivano di racimolare qualche lira e aiutare la mia famiglia.

Avrò avuto quattro o cinque anni, ora non ricordo con precisione. Le mie sorelle, Donatella e Ivana, non erano ancora nate, sarebbero arrivate a farmi compagnia di lì a poco, a cinque anni di distanza l'una dall'altra.

Ero figlio unico e, come tale, crescevo circondato dai grandi.

Li imitavo in tutto, tant'è che, proprio come ai grandi, di tanto in tanto mi scappava qualche parolaccia.

Trascorrevo le giornate tra i campi, anche perché, a dirla tutta, non è che ci fosse molto altro da fare e, come un qualsiasi bambino della mia età, non perdevo occasioni per cacciarmi nei guai.

Un giorno, durante una delle mie passeggiate, caddi in un fosso.

Per fortuna, il fosso non era troppo profondo, ma – come ho già scritto – ero solo un bambino e nemmeno molto alto e, per quanti sforzi facessi, non riuscivo in alcun modo a risollevarmi dall'acqua e dalla melma presente sul fondo che mi avevano completamente ricoperto.

Ricordo ancora oggi lo spavento, così come ricordo il timore dell'ira di Dio che di lì a poco immaginavo si sarebbe scatenata quando mia madre mi avrebbe visto rientrare a casa completamente bagnato e ricoperto di fango.

Per fortuna, mentre cercavo di rialzarmi, un signore era passato accanto al punto in cui ero caduto e, capendo che mi trovavo in difficoltà, mi aveva sollevato e si era offerto di accompagnarmi a casa.

Puzzolente e infreddolito, avevo varcato la soglia della nostra abitazione, temendo il peggio. Le madri però riescono sempre a stupirci e anche la mia in quell'occasione non fu da meno. Vedendomi rientrare in quelle condizioni, capì subito che era stato un incidente e, anziché rimproverarmi, si adoperò per riscaldarmi.

Il ricordo di quel momento è così nitido che quasi faccio fatica a pensare che siano passati più di sessant'anni: eccomi lì, in piedi su una sedia della cucina. Il fuoco acceso e la legna che arde, rendendo l'aria tiepida. Mia madre è di fronte a me, mi toglie i vestiti sporchi e inizia a lavarmi con il sapone, così da cancellare definitivamente il cattivo odore del fango.

Sempre in quegli anni ho rischiato di soffocare. Non so bene come o, meglio, so perfettamente come, ovvero a causa di una monetina da 10 lire. Ciò che non ricordo è come sia riuscito a ingoiarla, ma soprattutto perché. Insomma, per farla breve, una mia zia – che in realtà non era tale, ma essendo una persona molto vicina alla mia famiglia ero solito chiamarla così – un giorno si accorse che avevo ingoiato qualcosa, stavo male e respiravo a fatica. Assalita dal panico, mi prese in braccio e mi portò di corsa da una nostra vicina. Delia, questo il nome della signora in questione, mi prese per le gambe, mettendomi a testa in giù, sperando che la forza di gravità spingesse fuori dalla gola l'oggetto che mi stava soffocando. La situazione però peggiorava, così decise di rigirarmi e, infilandomi due dita in gola, strappò via non solo la monetina, ma forse anche parte delle mie corde vocali. Chissà se è proprio questo il motivo per cui ho da sempre una voce roca. La mia voce, il mio marchio di fabbrica. Per me, e credo per molti che mi conoscono, Bruno non sarebbe Bruno con una voce diversa.

L'uomo che sono oggi osserva quel bambino e ripensa a quanta strada ha percorso, a quanti pericoli scampati.

Dopo gli anni trascorsi in campagna, i miei genitori decisero di trasferirsi nel centro di Zero Branco, in una casa vicina alla chiesta parrocchiale di Santa Maria Assunta.

Nel frattempo, era nata Donatella, la prima delle mie due sorelle, che aveva pochi mesi e alla quale avevo il compito di badare quando mia madre era al lavoro.

Quelli trascorsi a Zero Branco furono gli anni delle prime amicizie e delle scorribande in compagnia degli altri ragazzini del paese.

Il nostro era un appuntamento fisso: si usciva al mattino tra le otto e mezzo e le nove, ci si incontrava e si stava insieme tutto il resto della giornata, più o meno fino alle cinque e mezza o le sei, l'ora in cui il sole tramontava. Quando il clima lo permetteva, andavamo a nuotare nel fiume Zero, che in estate si trasformava nella nostra piscina personale. Correvamo da un campo all'altro e, un po' per fame, un po' per il gusto di infrangere le regole, non perdevamo occasione per rubacchiare qua e là la frutta di stagione. Le nostre preferite erano le ciliegie, ma andavamo ghiotti anche di pesche, anguria e uva.

Eravamo furbi, tant'è che spesso riuscivamo a fregare i padroni dei campi, come quella volta in cui, oltre a farci regalare dieci pesche ciascuno, riuscimmo a rubacchiarne altre, girando intorno al campo in modo che il padrone non ci vedesse.

Non sempre però queste marachelle restavano impunite.

Una volta fummo colti sul fatto proprio mentre salivamo e scendevamo da un albero di ciliegie. A differenza dei miei amici, che alla vista del padrone erano riusciti a scappare subito, io fui acciuffato perché avevo sulle spalle Donatella che aveva rallentato la mia fuga. Nonostante fossi stato colto sul fatto, riuscii a evitare che il padrone dell'albero mi riempisse di botte. Gli dissi che mia sorella aveva fame e desiderava mangiare qualche ciliegia, così, mosso dalla tenerezza, ci risparmiò.

Ogni tanto, quando ritorno con la memoria alla mia infanzia, non posso fare a meno di commuovermi. Penso che siano stati gli anni in cui ho imparato il rispetto per il lavoro, in cui ho capito che vale la pena rischiare, soprattutto se non si ha niente da perdere, ma anche che, in caso contrario, ci si può sempre rimboccare le maniche e ricostruire. Sono convinto che siano stati quegli gli anni in cui mi sono avvicinato a ciò che ha contraddistinto il mio lavoro.

E in un certo senso credo di essere stato predestinato alla carta, perché proprio la carta è stata alla base del mio primo lavoro.

Avrò avuto otto o nove anni, ora non ricordo bene, e andavo in giro con un carretto a tre ruote a raccogliere carta vecchia porta a porta per poi rivenderla per qualche moneta a una vera, piccola piattaforma di raccolta.

In cambio di 10 o 20 lire, aiutavo anche la panettiera di Zero Branco. Con il mio carretto attraversavo la piazza del paese e raggiungevo il mulino, dove raccoglievo i sacchi di farina per poi consegnarli in panetteria. Quando c'era la signora, il pagamento era garantito, quando c'era il marito, invece, mi ricompensava con un panino all'uvetta. Io, ovviamente, preferivo sua moglie. Lavoravo per aiutare la famiglia e quei soldi in più ci facevano comodo. Non disdegnavo nessuna proposta, purché fosse onesta.

Una volta lavorai anche in un negozio di prodotti cosmetici che sul retro ospitava la bottega di un barbiere. Ero stato preso in prova per spolverare gli scaffali e tenere in ordine il negozio, ma in realtà trascorsi l'intera giornata a cimentarmi nel fare la barba e i capelli al mio titolare. Non vedevo l'ora di andare via. Infatti, si rivelò il lavoro più breve della storia perché durò soltanto un giorno.

Ma ritorniamo alla carta. Eravamo nei primi anni Sessanta, avevo dieci, undici anni e uno dei proprietari di una piccola azienda di Zero Branco che era si trovava nei dintorni mi diede un lavoretto da fare nel pomeriggio quando tornavo a casa da scuola.

L'incarico consisteva nel prendere della carta oleata e incollarla su delle basi rigide. Queste basi venivano poi ritagliate con delle forme particolari e, alla fine della lavorazione, fungevano da stampi in carta per contenere gli impasti dei panettoni e delle colombe che poi dovevano essere cotti in forno. Il lavoro delle basi per i panettoni incominciava a settembre e durava fino a novembre; a febbraio, invece, iniziava il lavoro per le basi delle colombe e delle focacce che si protraeva fino a Pasqua. Durante la settimana, al mattino andavo a scuola, al pomeriggio lavoravo, poi al sabato consegnavo la commessa conclusa e recuperavo i materiali per poter lavorare la settimana successiva.

Insomma, ho imparato a conoscere la carta sin da bambino e più passava il tempo, più me ne innamoravo.

Mi chiamo Bruno Zago e questa è la storia della mia intuizione.

CAPITOLO 2

SCEGLI IL LAVORO CHE AMI

Agosto 1961. Avevo poco più di undici anni. Il lavoretto che fino a quel momento mi aveva tenuto impegnato nei pomeriggi invernali – e che mi aveva permesso di guadagnare un po' di soldi per aiutare la mia famiglia – si trasformò in un lavoro vero e proprio.

All'epoca la scuola dell'obbligo terminava con la quinta elementare. Era estate, le lezioni sarebbero riprese ai primi di ottobre e, poiché la fabbrica era un po' a corto di personale, uno dei proprietari, Genesio Ceccato, mi chiese se volessi dar loro una mano per il resto delle vacanze estive. All'inizio ero un po' titubante, ero pur sempre un ragazzino e rinunciare a due mesi di scorribande con i miei amici un po' mi dispiaceva. Inoltre, di lì a poco avrei iniziato le scuole medie, quindi mi aspettava uno studio più impegnativo rispetto a quello a cui ero abituato.

A casa però un'entrata in più avrebbe fatto comodo. Negli anni le bocche da sfamare da tre erano diventate cinque, così mi dissi: "Sono solo due mesi, a ottobre torno a scuola". Poi, arrivato ottobre, pensai: "Vabbè, resto a lavorare qui ancora un po'".

Quel "po'" durò fino a quando compii diciassette anni.

C'è un ricordo però che mi accompagna da sempre ed è legato a una delle prime paghe ricevute. Avevo appena dodici anni e all'epoca lo stipendio veniva pagato ogni quindici giorni. Il salario era di 50 lire all'ora e, a fronte delle 200 ore di lavoro svolto nella seconda quindicina del mese, secondo i miei calcoli avrei raggiunto le 10.000 lire. Finalmente, per la prima volta, avrei avuto una banconota intera che difficilmente mi era capitato di vedere prima di allora.

Il mio entusiasmo però subì una battuta d'arresto. Al momento di ritirare lo stipendio, i miei datori di lavoro mi consegnarono 9950 lire. Dissi loro che c'era uno sbaglio, che probabilmente avevano calcolato un'ora in meno di quelle che avevo segnato sulla mia lista. Presero i registri e li confrontarono con il foglietto su cui avevo appuntato scrupolosamente gli ingressi e le uscite. Dopo aver confabulato a lungo e individuato dove fosse la differenza, decisero di accettare il mio conteggio e mi consegnarono una banconota da 10.000 lire.

Ero poco più di un bambino, ma non mi ero lasciato intimorire dalla loro autorità di persone adulte. Ero così orgoglioso del risultato raggiunto, non mi avrebbe fermato nessuno! Una volta tornato a casa, consegnai la banconota a mia madre per le spese della famiglia. Mi abbracciò e mi disse "Bravo!" perché avevo lavorato tanto per guadagnarmela.

Ecco, il pensiero di quel "bravo" ancora oggi mi commuove perché rappresenta il primo dei tanti traguardi che poi ho raggiunto nella mia vita.

In realtà, inizialmente cercai di proseguire gli studi, iscrivendomi a una scuola di meccanica serale che si trovava a Scorzè, un paese confinante con Zero Branco. Tre sere a settimana percorrevo circa 7 chilometri in bicicletta per andare a scuola.

Dopo alcune settimane però presi la decisione di rinunciare: mi erano stati consegnati un pezzo di alluminio, una lima e un disegno e mi avevano invitato a creare uno stampo. Ancora oggi non ho ben chiaro a che cosa servisse, ma quello stampo, o presunto tale, fu la conferma che quella non era la mia strada. Inoltre, con il passare dei giorni mi ero reso conto che i ritmi derivati dal lavorare al mattino e studiare la sera sarebbero stati difficili da sostenere a lungo termine, quindi preferii lasciare la scuola e dedicarmi solo al lavoro in fabbrica.

Un po' mi dispiacque abbandonare gli studi perché, sebbene fossi solo un ragazzino, avevo un'intelligenza matematica molto spiccata. Negli anni trascorsi tra i banchi della scuola elementare avevo seguito con attenzione le lezioni e la maestra, la signora Appiani, aveva sempre lodato la pacatezza e l'educazione derivata dai sani valori trasmessi dalla mia famiglia.

Ricordo con affetto la maestra Appiani, una donna generosa. Era a conoscenza delle nostre difficoltà economiche e una volta, per aiutarci, decise di premiare la mia bravura regalandomi delle mutande e delle canottiere.

Se ci fossero state le possibilità, mia madre avrebbe preferito che avessi portato avanti gli studi. A me però il lavoro piaceva, ma soprattutto mi rendeva orgoglioso aiutare la mia famiglia. Per questo, non mi pesò lasciare i banchi di scuola.

Sebbene fossi tra i più piccoli in azienda, ero molto più maturo della mia età e andavo sempre a lavorare con grande entusiasmo e buona volontà.

La Gacciso, l'azienda per cui ero impiegato, era stata fondata da tre soci ed era strutturata in due siti produttivi, due stabilimenti collocati l'uno vicino all'altro. Il primo produceva scatole, il secondo pezzi di cartone tagliati. Quando parlo di "pezzi di cartone" mi riferisco alle strisce di cartone che vengono utilizzate come divisori; per intenderci, le protezioni abitualmente usate per le confezioni di prodotti particolarmente delicati o per separare le bottiglie di vino o i bicchieri durante il trasporto e che nel tempo hanno sostituito il polistirolo. Questi divisori, comunemente chiamati alveari, oggi sono l'elemento grafico che caratterizza il logo del Gruppo Pro-Gest, un articolo tanto banale quanto indispensabile per proteggere i prodotti fragili.

A un certo punto, uno dei tre soci decise di lasciare la società e mettersi in proprio, così i due rimasti riorganizzarono l'azienda, dividendola in due comparti da gestire individualmente. Nel frattempo, ero cresciuto e avevo compiuto sedici anni. Lavoravo come operaio assegnato a una macchina della filiera produttiva, ma l'affidabilità e la serietà che avevano da sempre contraddistinto il mio lavoro in azienda spinse i due titolari a promuovermi e affidarmi il coordinamento di uno dei due settori. L'altro fu invece affidato a Bruno Zorzi, mio collega e buon amico ancora oggi.

Il lavoro, in realtà, non differiva molto da quello che avevo svolto fino a quel momento; spinto dalla curiosità, negli anni avevo imparato a utilizzare tutte le macchine, per cui coordinare anche l'attività degli altri operai non mi creava difficoltà. Gestivo i turni, mi assicuravo che la produzione rispettasse i tempi prestabiliti e che i camion fossero caricati nei tempi giusti, così da garantire le consegne al mattino successivo.

In poco tempo, forse anche grazie al mio impegno, quella che inizialmente era una piccola impresa raggiunse i cinquanta-sessanta dipendenti e, nonostante la mia giovane età, l'organizzazione delle mansioni di tutti loro dipendeva dalla mia gestione.

Una delle mie soddisfazioni più grandi era riuscire a portare a termine il lavoro entro l'orario stabilito. Quando avevo la possibilità di organizzare il piano di lavoro a modo mio, decidendo la sequenza delle commesse, riuscivo sempre a rispettare i tempi programmati; quando, invece, ero costretto ad attenermi al piano del mio principale, non era così improbabile che non riuscissimo a finire tutto nel tempo prefissato.

Preso dalle tante responsabilità, non era raro che il mio capo perdesse il foglio di lavoro o che dimenticasse di chiamare il camion delle consegne per assicurarsi che arrivasse entro le cinque del pomeriggio, così da consentirci di caricare la merce e terminare il lavoro entro le sei. Quando capitavano questi imprevisti, toccava a me riparare, ma soprattutto persuadere gli operai a trattenersi oltre l'orario di chiusura.

Se ci ripenso adesso, ahimè, quanti santi dal Paradiso mi è toccato sentir tirar giù!

Del resto, la maggior parte di questi uomini erano contadini, tra i cinquanta e i sessant'anni d'età, che, grazie al lavoro in fabbrica, riuscivano a guadagnare qualche soldo in più per la famiglia e che, a fine giornata, avevano premura di tornare a casa a un orario decente così da avere il tempo di "tirar su il foraggio", ovvero raccogliere il fieno, o concludere i lavori che al mattino presto avevano avviato nei campi o nei loro cortili.

Per fortuna, la fabbrica non era lontana dal centro del paese e per ripagarli della loro fatica promettevo loro che gli avrei offerto una birra o un bicchiere di vino al bar lì vicino. Quando poi giunse l'età della patente, ricambiavo la cortesia delle colleghe donne andandole a prendere o riaccompagnandole a casa in automobile, in modo che venissero al lavoro più volentieri.

Per convincerli a qualche extra quando era necessario, avevo una tecnica infallibile: prima andavo da quelli che sapevo mi avrebbero detto di sì senza fare particolari storie, poi mi rivolgevo ai più titubanti che, dopo aver sbuffato un po', cedevano alle mie lusinghe e restavano fino a lavoro terminato.

Insomma, una volta favorendo uno, una volta andando incontro all'altro, riuscivo sempre a convincerli a rimanere mezz'ora in più ed evitare che il giorno successivo si verificassero ritardi nelle consegne.

Ho lavorato in questa azienda fino all'età di ventidue anni. Sono stati anni fondamentali per la mia formazione non solo dal punto di vista lavorativo ma anche da quello umano.

Ed è stato proprio in quegli anni che è iniziata la mia storia con Anna Maria, la donna con la quale ho costruito la mia famiglia.

L'ho conosciuta all'età di sedici anni, quando i miei genitori decisero di trasferirsi nel centro di Zero Branco, proprio di fianco alla chiesa.

Anna Maria, invece, abitava a Sala d'Istrana, un paese vicino. Il fratello di suo padre, don Emiliano, era il parroco di Zero Branco, chiamato da tutti in famiglia "lo zio prete".

Durante l'estate, Anna Maria si era trasferita in canonica per aiutarlo ad accudire una zia che viveva lì con il marito e che soffriva di artrite reumatoide. C'era dunque bisogno di qualcuno che si prendesse cura di lei e l'aiutasse nelle faccende quotidiane.

Anna Maria aveva da poco conseguito la licenza media e avrebbe preferito continuare gli studi, ma il senso del dovere aveva avuto la meglio, così aveva lasciato la scuola e si era dedicata alla cura della zia.

I miei genitori frequentavano abitualmente la parrocchia: mia madre dava una mano con le pulizie e le altre faccende, mentre mio padre era sagrestano e, poiché i problemi di salute derivati dalla poliomielite gli impedivano di occuparsi dei lavori più faticosi, lo aiutavo andando a suonare le campane o a prendere il vino che sarebbe servito poi per la messa. Il più delle volte in canonica incontravo Anna Maria.

L'occasione per entrare più in confidenza però si presentò in occasione della sagra organizzata il 15 agosto per festeggiare la Madonna dell'Assunta a cui è intitolata la chiesa di Zero Branco. La sagra era uno degli eventi più importanti per noi zerotini e don Emiliano era solito organizzare una pesca di beneficenza per aiutare i più bisognosi. Quell'anno, oltre al cognato e a noi ragazzi del paese, ad aiutarlo c'era anche Anna Maria e, tra una chiacchiera e l'altra, rimasi colpito dal suo spirito allegro, oltre che dalla sua bellezza.

A dire la verità, l'avevo già "adocchiata" anni prima, quando entrambi avevamo frequentato la colonia estiva a Forno di Canale, ma ero ancora un ragazzino e preferivo dedicarmi alle scorribande con gli amici più che alle ragazze.

Erano altri tempi, le occasioni per incontrarsi non erano molte e soprattutto era difficile ritrovarsi a chiacchierare da soli. C'era la messa, durante la quale ero impegnato nella raccolta delle offerte, oppure il cinema pomeridiano alla domenica, dove Anna Maria era solita andare con la sua amica Teresina.

In quelle occasioni provavo timidamente ad accarezzarle una mano per farle capire il mio interesse. Lei però si ritraeva sempre, un po' per timidezza, un po' perché aveva capito che le mie intenzioni erano serie e non si sentiva ancora pronta per un fidanzamento.

Oggi sembrerà strano che un ragazzo di appena diciassette anni volesse già mettere la testa a posto e crearsi una famiglia, ma io non ero un diciassettenne come gli altri, lavoravo ormai da tempo e sin da piccolo mi ero fatto carico della mia famiglia. Ero molto responsabile e non era mia intenzione prendermi gioco dei sentimenti di Anna Maria. Il mio era un interesse vero e volevo che a lei fosse chiaro.

Non mi tirai indietro nemmeno quando quello stesso anno, il 1° novembre, complice la festività di Ognissanti, Anna Maria tornò a Sala d'Istrana dalla sua famiglia e decise di restare.

Ogni due settimane, quando non ero impegnato con il lavoro, il sabato o la domenica prendevo la bicicletta e andavo a trovarla.

Zero Branco dista da Sala d'Istrana 20 chilometri, ma all'epoca le strade non erano ben asfaltate e percorrere tutto quel tragitto in bicicletta, andata e ritorno, non era proprio una passeggiata.

I miei sforzi però non erano apprezzati. Ritornare a casa le aveva fatto ritrovare i suoi fratelli e le sue sorelle, ma soprattutto la voglia di far festa insieme agli amici del suo paese.

La famiglia di mia moglie era proprietaria di terreni e animali, ma era anche molto numerosa. Anna Maria aveva tre fratelli, Emiliano, Antonio e Claudio, e tre sorelle, Teresa, Emma e Gabriella: troppe bocche da sfamare, anche per una famiglia benestante. Così, poco dopo essere tornata a Sala d'Istrana, si trasferì a Padova, a casa di un medico, dove prestò servizio fino a quando ci sposammo. Come accadeva spesso nelle famiglie contadine di una volta, alle figlie femmine era richiesto di trovare ben presto una sistemazione alternativa. Il sabato e la domenica si ritornava a casa, ma era necessario non pesare sulle spalle della propria famiglia.

Nel frattempo, avevo compiuto diciotto anni e, con i miei risparmi e grazie all'aiuto dei miei genitori, ero riuscito a comprare la mia prima automobile, una Fiat 500 bianca, pertanto raggiungerla era diventato molto più facile.

Trascorsero alcuni anni e finalmente i miei sforzi furono ripagati, complici anche mia suocera che in tutto quel tempo aveva invitato la figlia a non sottovalutare la mia costanza nel cercarla nonostante la sua scarsa attenzione nei miei confronti, e mia cognata Emma, a cui sarò sempre grato.

Una domenica di maggio in cui ero andato a Sala d'Istrana per farle visita, Emma mi invitò a entrare in casa per aiutarli a pulire i bachi da seta. La giornata trascorsa a lavorare insieme, tutti seduti sotto il portico della casa dei miei suoceri, fu per Anna Maria l'occasione per conoscermi meglio e decidere di aprirsi al mio corteggiamento.

Durante la settimana io vivevo a Zero Branco e Anna Maria dai Perissinotto, la famiglia del primario dell'ospedale di Camposampiero per la quale lavorava e alla quale rimase sempre legata perché l'aveva fatta sentire al sicuro in una grande città come Padova, molto diversa dal luogo in cui era cresciuta.

I Perissinotto l'avevano accolta come una figlia e la trattavano come tale: le avevano regalato una bicicletta, aiutata a prendere la patente e, quando ci sposammo, le regalarono persino l'abito da sposa.

Anch'io ero riuscito a entrare nelle loro grazie. Ricordo che in occasione dei festeggiamenti di Sant'Anna, giorno in cui mia moglie abitualmente festeggia l'onomastico, la signora Perissinotto le aveva comprato una spilla a forma di "A", ma – sapendo che io preferivo risparmiare i soldi per il futuro anziché spenderli in regali – la diede a me, invitandomi a dire che era un mio regalo. Così feci, ma non riuscii a tenere per me questo segreto e qualche anno dopo, quando ero ormai certo di averla conquistata, svelai a mia moglie la vera origine di quel dono.

Negli anni passati con i Perissinotto, Anna Maria non solo ebbe modo di frequentare la casa che possedevano al mare e quella in montagna, ma – stando vicino ai loro figli – ebbe anche la possibilità di imparare le buone maniere e comprendere i valori dello studio e della disciplina, valori che negli anni ha trasmesso ai nostri figli, insegnando loro l'ordine, ma soprattutto a non rimandare a domani ciò che è possibile fare oggi e a comportarsi con educazione e rispetto verso se stessi e il prossimo.

In quegli anni ci incontravamo il fine settimana. Il sabato Anna Maria partiva da Padova in treno, viaggiando con suo fratello Emiliano che studiava lì. Ci davamo appuntamento alla stazione, dove l'aspettavo per riaccompagnarla a casa. Era l'occasione per consegnarle a mano le lettere che scrivevo e in cui le raccontavo ciò che mi accadeva durante i giorni che ci vedevano lontani. Le lettere erano anche il pretesto per esercitarmi a scrivere a macchina, attività che mi creava qualche difficoltà, ma anche per esprimerle dei sentimenti che per pudore tendevo a tenere per me.

Credo che Anna Maria conservi ancora quelle lettere in una scatola che spero essere al sicuro dalla curiosità delle mie figlie.

Il nostro fidanzamento durò poco più di due anni, fino a quando decidemmo di sposarci.

Era il 1972, io avevo ventidue anni e lei venti. All'epoca si diventava maggiorenni a ventun anni e, poiché mancavano ancora alcuni mesi al compleanno di Anna Maria, dovetti andare a chiedere il consenso a suo padre. Giovanni Gasparini era un uomo alto e robusto, biondo con gli occhi azzurri e sempre abbronzato, visto il lavoro all'aria aperta. Quasi sempre portava il cappello e trasmetteva autorità e rigore con il suo solo sguardo di ghiaccio. Per fortuna, acconsentì alle nozze.

Tempo addietro, infatti, era capitato che un pomeriggio don Emiliano avesse visto me e Anna Maria uscire dall'auto ed entrare in una sala da ballo. Uno "scandalo" per l'epoca, ma soprattutto un episodio che aveva spinto lo zio prete a mettere in dubbio la mia serietà e quella di Anna Maria, tant'è che fu l'unica nipote per la quale non celebrò le nozze.

Ci sposammo il 25 novembre, una giornata fredda ma con un cielo terso, e dopo cinquant'anni siamo ancora insieme.

Nonostante il nostro viaggio di nozze... mi viene da aggiungere.

La luna di miele era uno dei motivi per i quali durante il fidanzamento avevamo evitato di spendere in uscite o altre frivolezze. Grazie ai miei risparmi e al prestito ricevuto, avevo acquistato il piccolo terreno dove costruire la nostra casa. I lavori però andavano a rilento perché mancavano sempre i soldi e all'epoca del matrimonio eravamo riusciti completare solo la cucina e la camera da letto, mentre il salotto era ancora vuoto con due grandi finestroni che affacciavano sulla strada e che consentivano a chiunque passasse di lì di guardare all'interno della casa. Questa cosa proprio non andava giù ad Anna Maria, il cui unico desiderio era arredarlo almeno con le tende ed evitare che tutto il paese potesse violare la nostra intimità. Così, quando si trattò di scegliere che cosa fare con i pochi soldi rimasti, decidemmo di regalarci le tende nuove per il salotto e la sala da pranzo e accontentarci di un piccolo giretto in montagna come luna di miele.

Una volta sposati, partimmo con la mia 500 e andammo prima a Cortina, ospiti di Santina, una cugina di mia moglie, e poi a Bolzano. Un viaggio colorato di bianco dalla neve. Avevo deciso di valicare il passo Duran, un valico alpino in provincia di Belluno che mette in comunicazione l'Agordino con la val di Zoldo. L'accesso al passo era vietato, ma la 500 era una vettura piccola e io ero convinto che sarei riuscito ad attraversarlo. A metà della salita però l'auto si fermò, la strada era troppo erta e innevata, e la 500 non riusciva a proseguire oltre, anche perché, sempre a causa delle spese sostenute per il matrimonio, non avevo comprato le catene. Per nostra fortuna, ci aiutarono due signori che passavano di lì per caso, insieme girammo la macchina e, viste le difficoltà, accettammo il loro consiglio di tornare a casa.

Ce l'eravamo cavata, ma il mal tempo sembrava non darci tregua, così ci guardammo in faccia e ci arrendemmo a porre fine a quel breve e imprevedibile viaggio di nozze.

La nostra luna di miele era iniziata il lunedì e si concluse il giovedì. Quello stesso pomeriggio, dopo aver accompagnato Anna Maria a casa, andai a lavorare.

Così ebbe inizio la nostra nuova vita, una vita che, di lì a poco, avrebbe preso una nuova strada.

CAPITOLO 3

LA NASCITA DI TREVIKART

Il 1973 segnò l'inizio del percorso professionale che mi ha portato dove sono oggi. In quell'anno venne fondata Trevikart, che sta per "Treviso Carta", la prima azienda del Gruppo Pro-Gest.

L'idea di mettermi in proprio mi frullava in testa già da un po'. Da più di dieci anni lavoravo nel settore del cartone ondulato e l'esperienza maturata rappresentava sicuramente una buona base da cui partire per dare vita a una nuova realtà aziendale tutta mia. Il problema però era sempre lo stesso: i soldi.

Avevo comprato il terreno per la casa dalla signora Gioppato, la socia di Genesio Ceccato, uno dei miei datori di lavoro, che me l'aveva venduto a un buon prezzo. Tra i risparmi messi da parte e l'aiuto della mia famiglia, ero riuscito a coprire il costo del terreno. Non avevo però i soldi necessari per completare i lavori, così avevo chiesto un prestito di 2 milioni di lire al signor Genesio, che me lo aveva concesso senza troppe difficoltà. Del resto, ero cresciuto con lui e in tutti quegli anni, in più di un'occasione, avevo dato dimostrazione della mia serietà ma soprattutto della mia onestà.

L'anno precedente ero stato contattato da Giovanni Tosatto, figlio di un ricco proprietario terriero di Zero Branco. Sapeva che da anni lavoravo nel campo e voleva che fondassimo insieme un'azienda di cartone. Ovviamente ero lusingato e, sebbene fossi consapevole che Giovanni aveva tutte le carte in regola per tenere fede alla parola data e concretizzare l'offerta fatta, non ero del tutto convinto della sua proposta. Eravamo troppo diversi, le nostre storie erano troppo diverse: lui ricco, figlio di una famiglia blasonata del paese, io un semplice operaio di umili origini, con una casa in costruzione e un debito di 2 milioni di lire sulle spalle. Inoltre, mi sembrava di fare un torto al signor Genesio che mi aveva cresciuto e dato fiducia.

Declinai l'offerta.

Nei mesi a seguire continuai a guardarmi intorno, ero ben conscio che non sussistevano le condizioni che mi consentissero di mettermi in proprio da solo, e che quindi, era necessario individuare qualcuno che potesse affiancarmi in questo percorso. La mia idea era trovare un socio che avesse non solo il capitale, ma anche un immobile in cui poter far partire la nuova attività. Purtroppo, nessuna delle persone con cui avevo parlato rispondeva a queste caratteristiche.

Così, a distanza di un anno, nel 1973 appunto, quando Giovanni tornò a bussare alla mia porta, decisi di accettare la sua proposta e iniziammo a ragionare su come costituire questa società.

I presupposti mi facevano ben sperare. La proposta di Giovanni era dar vita a un'azienda che ci vedesse soci al 50%. La sua famiglia era reputata da tutti in paese come seria e onesta, un riconoscimento importante non solo per me, ma soprattutto per le banche e per gli eventuali futuri creditori.

Restava il solito scoglio da superare, ovvero la liquidità, perché l'unico importo di cui potevo disporre in quel momento era il debito contratto con il mio datore di lavoro. Sebbene fosse più grande di me, anche Giovanni non aveva a disposizione la somma sufficiente, così si rivolse al padre, un uomo anziano che teneva ancora in mano le redini economiche dell'intera famiglia.

Sarò sempre grato al padre di Giovanni, non solo perché decise di concederci un prestito di 20 milioni di lire, equamente diviso tra me e il figlio, ma anche perché a questa cifra aggiunse i 2 milioni che dovevo restituire a Genesio Ceccato, riconoscendomi con questo gesto una fiducia che non era affatto scontata. Del resto, ero un semplice operaio che non aveva alcuna garanzia da offrire, a parte l'onestà e la voglia di lavorare.

E così, grazie all'entusiasmo e alla serenità derivate da questo ulteriore debito di 10 milioni di lire, nel 1973, insieme a Giovanni, diedi vita a Trevikart.

Lo so, suona strano associare le parole "entusiasmo" e "serenità" alla parola "debito", ma quel prestito ha rappresentato la prima vera grande opportunità della mia vita. Finalmente, potevo fare qualcosa di mio, mettere in pratica per me e il mio socio tutto quello che avevo imparato, affinare le mie capacità e raccogliere i frutti del mio lavoro in proprio. Spinti da un nuovo impulso, io e Giovanni ci rimboccammo le maniche e iniziammo a programmare il lavoro.

Il primo problema da affrontare era trovare una sede. La famiglia Tosatto possedeva una vecchia segheria utilizzata per la produzione di cassette in legno. Definirla segheria, in realtà, è un complimento, si trattava più che altro di un capannone ricoperto da una tettoia, privo di porte e di riscaldamento, dove si segavano e inchiodavano pezzi di legno. Sicuramente non era una sede decorosa, ma le nostre ricerche di un'alternativa che ci consentisse di lavorare al caldo d'inverno e al fresco d'estate erano risultate vane. Per più di tre mesi avevamo girato tutta la provincia di Treviso alla ricerca di un capannone. Ci sarebbero bastati 300-500 metri quadrati, ma ogni spazio, tra Montebelluna e dintorni – dalle stalle precedentemente utilizzate per mucche e maiali fino agli scantinati delle case – erano stati dati in affitto alle aziende che lavoravano le calzature, settore che in quel momento stava attraversando un momento di grande crescita economica.

Demotivati dall'impossibilità di trovare un'altra sistemazione, a metà luglio decidemmo di pagare un piccolo affitto alla famiglia di Giovanni e destinare parte della produzione della vecchia segheria alla nostra attività e avviare quindi la lavorazione del cartone.

L'azienda produceva scatole e i loro interni, ovvero i cartoncini che venivano utilizzati come divisori. Io mi occupavo della produzione e di tutto ciò che riguardava la parte tecnica, come il carico dei camion e la consegna della merce, Giovanni, invece, che a causa di un handicap era invalido e non poteva dedicarsi a lavori fisicamente impegnativi, gestiva la parte amministrativa, tenendo i rapporti con le banche, seguendo i versamenti e tutti quegli aspetti contabili e burocratici che all'epoca venivano assolti solo ed esclusivamente di persona.

Insomma, ci compensavamo, io ero il braccio operativo e lui quello amministrativo, anche se la mia mente matematica trovava sfogo nelle notti insonni trascorse a far calcoli per far quadrare i conti.

In realtà, la produzione delle scatole presupponeva una capacità di fare calcoli a mente con velocità e costanza perché, proprio come oggi, tutto si basava sull'ottimizzazione della resa del foglio di cartone e sulla riduzione degli sprechi.

Eravamo una piccola azienda che aveva iniziato con poco più di quindici dipendenti. Ciononostante, a metà agosto, dopo solo un mese di lavoro, fummo in grado di far partire il primo camion con le scatole da noi prodotte. Che soddisfazione!

Mentre la produzione degli imballaggi in cartone era costante tutto l'anno, quella delle cassette di legno era stagionale e andava perlopiù da giugno a settembre – in concomitanza con il raccolto di frutta e verdura che ancora venivano vendute in cassette di legno nei mercati ortofrutticoli – per poi fermarsi per tutto il resto dell'anno e riprendere la primavera successiva.

C'erano inoltre delle potenzialità intrinseche nei prodotti di carta sottovalutate dai più, ma che erano alla base della mia intuizione. La carta è più leggera ma ugualmente robusta se ben lavorata, dunque può essere utilizzata più facilmente per creare diverse forme e tagliata su misura per adattarsi alle dimensioni, e l'imballo, una volta che non è più necessario, può essere riciclato, cosa che non è possibile fare con il legno. Utilizzando la materia prima riciclata poi, è possibile impiegare una carta usata per creare un nuovo imballo, riducendo notevolmente l'impatto sull'ambiente circostante perché non si devono abbattere alberi.

Ragionamenti che oggi possono sembrare banali, quando questi concetti sono racchiusi in un'unica parola – *sostenibilità* –, ma all'epoca questo termine era piuttosto sconosciuto. Dentro di me iniziò sempre di più a prendere forma la convinzione che quello fosse il futuro, una convinzione che mi ha portato a investire tutta la mia vita in questa risorsa rinnovabile.

A un certo punto, quando il cartone iniziò a fornirci una discreta continuità lavorativa, fu proprio questa intuizione a spingermi a forzare un po' la mano e proporre al mio socio di abbandonare la lavorazione del legno per dedicarci interamente a quella del cartone.

I numeri mi davano ragione e alla fine dell'anno completammo il passaggio a questo materiale.

Inizialmente ci mettemmo a lavorare per conto terzi, in particolare per Cartopiave, una cartotecnica nata alla fine degli anni Cinquanta a Pronte della Priula. Cartopiave, da tutti erroneamente chiamata "cartiera", in realtà non produceva carta, ma la acquistava da altri e la trasformava in cartone ondulato e scatole.

Si trattava della più grande cartotecnica del territorio, fondata da una cordata di imprenditori veneti che, per provvedere direttamente all'imballo dei propri prodotti, aveva deciso di dar vita a un'azienda che potesse produrre cartone e packaging.

La scelta di costruirla a Pronte della Priula non era stata dettata dal caso perché si trattava di un'area strategica tra la strada statale Pontebbana e la linea ferroviaria che porta da Venezia a Udine.

Il cartone ondulato era un prodotto nuovo per quei tempi e poco utilizzato in Italia, dove in tanti ancora preferivano imballare i propri prodotti con il legno.

Gli imprenditori che avevano fondato Cartopiave però ci avevano visto lungo e avevano mandato i propri operai a formarsi negli Stati Uniti, dove non solo questo tipo di produzione era già consolidato, ma soprattutto – grazie alle molteplici disponibilità di foreste di conifere e di betulle – si producevano diverse tipologie di cartone ondulato, le cui caratteristiche variavano a seconda delle carte che venivano utilizzate.

Questo prodotto, infatti, è banalmente costituito da un foglio ondulato che viene incollato a due fogli piani, detti "copertine", ed è proprio la combinazione di questi tre tipi di carta, che può variare per tipologia e peso, a determinare la rigidità, le performance e la qualità degli imballaggi.

Dopo circa vent'anni dalla sua fondazione, Cartopiave era diventata così grande da decidere di esternalizzare la produzione, in particolare quella dei divisori per bottiglie, o altri accessori delle scatole, e la lavorazione delle scatole per piastrelle che richiedevano un particolare dispendio di tempo e di forza lavoro perché, visto il peso che erano destinate a contenere, il fondo che formava le scatole doveva essere incollato a mano.

Il nostro primo lavoro per Cartopiave fu proprio la produzione di queste scatole: le ripulivamo dagli sfridi, ovvero i residui derivati dal foglio di cartone, poi incollavamo a mano le basi e le riconsegnavamo a Cartopiave affinché, a sua volta, potesse distribuirle ai vari clienti.

Agli inizi degli anni Settanta, Cartopiave era tra le più rilevanti realtà industriali del Veneto, mentre il resto del settore si componeva di piccole fabbriche che avevano cominciato da subito a formarsi una propria clientela oppure che lavoravano per conto terzi come noi.

Trevikart era partita in conto lavoro e, per quanto non volessi abbandonarlo del tutto, la mia ambizione era creare un pacchetto clienti tutto nostro. Del resto, c'erano i presupposti per farlo, la fascia di mercato in cui si stava inserendo la nostra impresa era un oceano blu.

Cartopiave e altre realtà aziendali già radicate sul territorio spesso rifiutavano le piccole commesse perché i quantitativi richiesti non giustificavano l'investimento di tempo e di personale. Erano lavorazioni che si avvicinavano perlopiù all'artigianato e fu proprio a questi piccoli lavori che puntai per acquisire una nuova clientela, tant'è che dopo un anno e mezzo Trevikart poteva vantare un fatturato derivante metà dal conto lavoro e metà dalla sua personale clientela. A un certo punto, però, decisi di avviare una trattativa sul conto terzi. Cartopiave ci forniva la materia semilavorata, noi la completavamo e poi la restituivano nel formato richiesto. Il margine di guadagno derivato da queste condizioni non era adeguato agli incassi a cui aspirava un'azienda in crescita come la nostra e soprattutto in linea con la mia voglia di emergere. Così, mi rivolsi al direttore di Cartopiave e gli proposi di lasciarci liberi di produrre il semilavorato e rivendergli poi il prodotto lavorato e finito. Il direttore con qualche titubanza accettò la mia proposta, a patto che il cartone, ovvero la materia prima, lo comprassi solo ed esclusivamente da loro.

Per i primi sei mesi mi attenni all'accordo, ma – poiché il margine di guadagno non era a mio avviso ancora sufficiente – decisi di interpellare altri fornitori che vendevano il cartone a prezzi più bassi. Questo cartone però veniva utilizzato solo ed esclusivamente per i lavori destinati ai miei clienti diretti.

Ricorrere ad altri fornitori mi consentiva non solo di contrattare degli sconti più alti rispetto a quelli che venivano abitualmente applicati, ma soprattutto di rifornirmi da quelle aziende che, a causa della flessione del lavoro, si trovavano un po' in difficoltà e che mi permettevano di fare scorta di materiali a prezzi convenienti.

Questa mia decisione non piacque molto in Cartopiave, ma all'epoca il lavoro era tanto e aveva bisogno di terzisti bravi e puntuali che facessero il lavoro con precisione e professionalità, pertanto non aveva alcun interesse a interrompere i suoi rapporti con Trevikart.

Nel 1974 la politica aziendale messa in atto ci permise già di raggiungere ottimi risultati. A un anno dalla sua fondazione, infatti, Trevikart poteva vantare un guadagno pari a 90 milioni di lire. Eravamo tra i maggiori contribuenti del Paese, tant'è che quell'anno il sindaco ci segnalò tra le migliori aziende del territorio.

Ma il 1974 segnò un altro momento importante della mia vita: il 30 marzo io e Anna Maria festeggiammo la nascita della nostra primogenita, Benedetta.

Nonostante la gioia che ci travolse, dietro l'angolo si nascondeva un periodo preoccupante durante il quale, per la prima volta, le aziende dovettero affrontare il tema del risparmio energetico.

Le condizioni che in poco più di un anno avevano favorito la nostra crescita improvvisamente svanirono. Il "boom economico" che aveva caratterizzato lo sviluppo dell'Occidente negli anni Cinquanta e Sessanta subì un arresto a causa del brusco aumento dei prezzi dei combustibili fossili, diventati ormai essenziali per il funzionamento di industrie e trasporti. La creazione di nuovi posti di lavoro, l'aumento dei redditi e dei consumi sembrava non avessero più valore.

A originare la crisi fu la decisione di Egitto e Siria di attaccare Israele. Era il 6 ottobre 1973, sul nostro calendario il giorno di San Bruno. Una ricorrenza che può sembrare casuale, ma in realtà in quella data cadeva lo Yom Kippur, una delle più importanti festività della religione ebraica. Il giorno della penitenza, dell'espiazione dei peccati, dunque dal forte valore simbolico.

Inizialmente l'Organizzazione del Paesi Esportatori decise di applicare dei rincari sul prezzo del greggio per evitare che i governi occidentali appoggiassero Tel Aviv. Rincari che a breve si trasformarono in un vero e proprio embargo.

Il 22 novembre 1973, a causa della crisi energetica derivata dall'aumento del prezzo del petrolio, il Consiglio dei ministri presieduto da Mariano Rumor decise di mettere in atto con effetto immediato una serie di misure restrittive. Ebbe così inizio quello che è passato alla storia come il periodo dell'Austerity.

Il risparmio energetico era l'obiettivo verso il quale ogni singolo cittadino doveva indirizzare i propri sforzi. Per oltre sei mesi, non solo l'Italia, ma anche gli altri Paesi d'Europa che avevano manifestato il proprio sostegno a Israele si videro costretti a ridurre le temperature degli impianti di riscaldamento. Per le strade si vedevano circolare solo le auto delle forze pubbliche e i mezzi di soccorso. I trasgressori venivano puniti con una multa di un milione di lire. L'unica eccezione era fatta per medici e parroci. Persino i politici furono costretti a rinunciare ai loro abituali privilegi, tant'è che l'allora presidente della Repubblica, Giovanni Leone, ricorse a una carrozza a cavalli delle scuderie del Quirinale per partecipare alla cerimonia organizzata in occasione della festività dell'Immacolata Concezione.

Di quel periodo – oltre alle tante restrizioni come il divieto di circolazione per le auto la domenica, i bar e i cinema chiusi dopo una certa ora o il prezzo spropositato della benzina, che toccò quasi le 200 lire al litro – ricordo con angoscia la situazione della mia azienda. Da un fatturato mensile di 60 milioni di lire, nel giro di pochi mesi eravamo scesi a 6 milioni.

La crisi aveva messo in ginocchio l'intera filiera produttiva italiana, dai produttori di vini e liquori ai mobilieri, e noi, che con il cartone abbracciavamo tutti questi settori, eravamo stati colpiti in pieno viso dal crollo economico.

A penalizzarci era stata in particolare la quota delle entrate che dipendeva al 50% dal conto terzi. Aziende come Cartopiave, tra i nostri principali interlocutori, a causa della crisi, avevano deciso di mantenere all'interno tutta la produzione, anche quella destinata ai piccoli quantitativi, pertanto il nostro lavoro si era ridotto drasticamente.

Credo che la particolare avversione che negli anni ho sviluppato nei confronti del servizio per conto terzi sia iniziata proprio da qui. Non sopportavo di non avere la possibilità di parlare con il cliente finale di quelle scatole, capire come avrei potuto aiutarlo, dimostrargli il mio supporto e fare in modo che, anche se con volumi ridotti, scegliesse me come fornitore piuttosto che altri.

E fu proprio in quel periodo che mi ritrovai spesso a pensare alle parole di mia madre che, già quando avevo compiuto quindici anni, mi sognava con un "posto fisso" nelle vicine industrie chimiche di Porto Marghera, alle porte di Venezia. Chissà che cosa sarebbe successo, se avessi ceduto alle sue preghiere?

Dicono però che le crisi rappresentino un'opportunità.

Per Trevikart, e per me, è stato senza dubbio così.

CAPITOLO 4

IL PRIMO MILIARDO

Penso spesso al passato, ma non per nostalgia. Ciò che è stato mi aiuta a guardare avanti, a ricordare a me stesso che i problemi non mancano mai, ma anche che, in un modo o nell'altro, le difficoltà si superano, spesso con l'audacia e con un po' di incoscienza.

Così accadde nel 1975 quando, superata la crisi, io e Giovanni decidemmo di investire nella nostra azienda e comprare un capannone di circa 1500 metri quadrati che ci consentisse di potenziare il lavoro privato e di instaurare rapporti diretti con la clientela.

Iniziammo a prendere contatti con Ceramiche Appiani, Ceramiche Pagnossin e Achille Archiutti, importante produttore di mobili per i Paesi Arabi. Alcune di queste aziende oggi non ci sono più, ma, grazie all'esperienza maturata come terzisti, eravamo riusciti ad acquisire la loro fiducia attraverso condizioni vantaggiose e consegne puntuali.

Il nostro obiettivo era non trovarci più nella situazione che ci aveva messi in ginocchio negli ultimi mesi del 1974, legati quasi esclusivamente a un'azienda che, per tutelare se stessa e sopravvivere alla crisi, aveva smesso di commissionarci lavoro.

L'acquisto del capannone fu un buon investimento. Con gli utili derivati dal volume di lavoro portato dai nuovi clienti, una cifra che si aggirava tra i 60 e i 70 milioni di lire, riuscimmo ad ampliare anche il nostro parco macchine.

I lavori della casa che avevo costruito per la mia famiglia erano finalmente terminati e i guadagni mi avevano consentito di restituire non solo il prestito di 2 milioni di lire ai miei vecchi datori di lavoro, ma anche i 10 milioni di lire anticipati dal padre di Giovanni per avviare l'azienda.

Insomma, Trevikart continuava a crescere, proprio come la mia famiglia che adesso mi vedeva padre di due belle bambine.

Il 23 luglio 1975 era nata la nostra seconda figlia. Per alcuni giorni era rimasta senza nome perché eravamo convinti che sarebbe nato un maschio che avevamo scelto di chiamare Alvise. Invece, il destino scelse di regalarci una femminuccia, Alessandra.

Sebbene avessimo stretto rapporti con dei nuovi clienti, il 30% degli utili dell'azienda derivava ancora dal lavoro in conto terzi. Eravamo audaci, forse più io di Giovanni, spinti dal desiderio di far crescere la nostra società, ma allo stesso tempo prudenti, quindi pensavamo che non avesse senso lasciare del tutto la strada vecchia per la nuova. Di una cosa però eravamo certi: non volevamo più essere dipendenti da una sola realtà aziendale.

Mi guardavo intorno e mi accorgevo che le aziende di scatole nate in contemporanea alla nostra avevano mantenuto una struttura che le avvicinava più a delle manifatture artigianali che a delle imprese. Continuavano a essere piccole, a lavorare quasi esclusivamente in conto terzi, ma soprattutto avevano preferito non investire né in macchinari né in personale, forse spinte dal timore di non riuscire a sostenere i costi e dalla situazione personale ancora incerta.

Trevikart, al confronto, era un'azienda spregiudicata. Forte dei nuovi guadagni, mi ero rivolto a Cartopiave affinché ci lasciasse liberi di crescere e diventare un'entità autonoma a tutti gli effetti.

Avevamo assunto altro personale, arrivando quasi a trentacinque dipendenti, e nel frattempo avevamo acquisito nuovi clienti, incrementando il nostro lavoro. Tra i collaboratori più fidati vi erano entrambe le mie sorelle, Donatella e Ivana, rispettivamente di cinque e dieci anni più giovani di me, ma anche loro precoci nell'avvio professionale ed entrate in fabbrica appena terminata la terza media. Per i successivi quindici anni avrebbero entrambe continuato ad affiancarmi nello sviluppo del business ed è stato fondamentale per me avere delle persone di famiglia delle quali fidarmi ciecamente. Nelle fasi iniziali non so come avrei fatto, se non avessi avuto la tranquillità di saperle al mio fianco. Anche se successivamente Ivana ha deciso di dedicarsi alla sua famiglia a tempo pieno, e a lavorare con me è rimasta Donatella, siamo sempre stati vicini, aiutandoci a vicenda, io per quello che ho potuto come fratello maggiore e lei nella cura di nostra madre e di nostra sorella, quando ne hanno avuto bisogno.

Tornando alla Trevikart di quel tempo, un'azienda, certamente, ma praticamente quasi una famiglia, non so se siamo stati più bravi o più fortunati. Quel che so è che facemmo tanti sacrifici e furono tanti i mesi in cui né io né Giovanni riuscimmo a portare a casa lo stipendio.

Ciononostante, continuavamo a crescere, la clientela acquisita non smetteva di darci fiducia e, tra un sacrificio e l'altro, arrivammo a fatturare prima tra i 600 e i 700 milioni l'anno, poi circa un miliardo di lire, un traguardo che tra il 1977 e il 1978 ci consentì di ampliare ulteriormente la nostra attività, costruendo una nuova sede produttiva a Ospedaletto d'Istrana, su un'area che ancora oggi ospita la sede centrale del Gruppo Pro-Gest.

L'acquisto di questo nuovo terreno era stato favorito da un finanziamento particolare che ci aveva concesso la banca: un fido ipotecario di circa 200 milioni di lire, che poteva essere alzato o abbassato a seconda delle operazioni che in quel momento erano necessarie per mantenere i rapporti con i fornitori.

Oltre a non applicarci degli interessi particolarmente alti, interessi che all'epoca potevano oscillare anche tra il 18 e il 20%, questa forma elastica di fido ci consentiva di poter fare più movimenti in tranquillità, permettendoci non solo di portare il nostro fatturato a superare la soglia del miliardo di lire, ma anche di ricoprire una nicchia di mercato che i nostri concorrenti non raggiungevano.

Se prima le nostre forze erano state indirizzate al lavoro per conto terzi e quindi alla produzione parziale della scatola, da quel momento in poi decidemmo di fare un salto di qualità e puntare prevalentemente sulla scatola completa, non solo perché ci consentiva un margine più ampio di guadagno, ma anche perché il nostro pacchetto clienti era diventato tale da garantirci una produzione continua e costantemente in crescita.

Così facendo, arrivammo negli anni Ottanta.

Un venerdì sera di fine novembre venne alla luce anche la mia terza figlia... "un'altra femmina", come avevamo capito subito dal pianto origliato nel corridoio fuori dalla sala parto. Nel 1981 non c'erano ancora le ecografie che svelavano il sesso dei nascituri, ma dopo due figlie femmine c'erano buone possibilità che nascesse l'atteso Alvise che avrebbe finalmente messo tranquilla mia madre, che desiderava assicurare un futuro al cognome Zago. E invece nacque Valentina, una bambina dolce ma dal temperamento già molto deciso, che forse, più di tutti i miei figli, è stata la preferita di nonna Maria.

Furono gli anni del delitto Mattarella, delle trattative tra i sindacati e il governo a causa della ristrutturazione industriale della Fiat, gli anni dei rapimenti delle Brigate Rosse, dell'arresto di Licio Gelli, dell'Italia campione del mondo nel 1982.

Proprio in quell'estate dei Mondiali di calcio, per la prima volta riuscii a prendere in affitto un piccolo appartamento al mare per la mia famiglia. Dal lunedì al sabato lavoravo tra Zero Branco e Ospedaletto, per poi concedermi ventiquattr'ore con Anna Maria e i bambini a Duna Verde, una piccola frazione di Caorle, sulla costa veneta.

Sempre in quegli anni decisi di mettermi di nuovo in discussione e di occuparmi di un aspetto aziendale che fino a quel momento avevo affidato ad altri. Forse non dovrei dirlo, ma i venditori per me sono sempre stati una spina nel fianco. All'epoca avevo l'impressione che quelli che lavoravano per me non mi dessero un'immagine veritiera del mercato circostante, così, sebbene avessi più l'anima del compratore che del venditore, decisi che era giunto il momento di delegare ad altri il mio lavoro di gestione della produzione e andare fuori nel mercato in prima persona a vendere le nostre scatole e i nostri interni di cartone.

Come si suol dire, "di necessità virtù", mi rimboccai le maniche e iniziai il mio tour alla ricerca di nuovi clienti.

Ovviamente, non potevo lasciare l'azienda scoperta e decisi di assumere altri due dipendenti. Uno di questi era Giancarlo

Giacomin, al quale affidai gli aspetti amministrativi dei bilanci e della gestione dei rapporti con il commercialista. Inoltre, potevo contare su mia sorella Donatella.

Da quando era nata l'azienda, Donatella con il suo lavoro aveva contribuito alla crescita di Trevikart e, se fino a quel momento era stato il mio braccio destro, ora le sarebbe toccato essere anche il sinistro. Il suo lavoro consisteva principalmente nell'occuparsi della ricezione e dell'evasione degli ordini, definire il programma di produzione e seguire i clienti; si assicurava che le consegne fossero effettuate in tempo e monitorava i quantitativi della merce acquistata, così da contattare il cliente quando notava che era trascorso troppo tempo tra un ordine e l'altro.

Non aveva orari, la sua dedizione al lavoro superava quasi la mia.

Da quasi cinque anni mia sorella non è più con noi. Non riesco a pensare o a parlare di lei senza commuovermi. Se oggi sono qui a raccontare la storia della mia vita e del mio gruppo, lo devo di sicuro anche a lei. Anzi le nostre aziende, soprattutto Trevikart, le assomigliano moltissimo in quelle che erano le sue qualità migliori: affidabilità e puntualità.

Quero fu il primo paesino della provincia di Belluno dove mi avventurai. Un paesino con poco più di 2000 abitanti.

In quella zona producevano lampadari in ferro battuto. Si trattava di piccole realtà manufatturiere che lavoravano in capannoni o in botteghe di fortuna, ricavate dagli scantinati delle case dei loro fondatori. Piccole aziende che, proprio come il mio gruppo, sono cresciute di anno in anno, dando vita a quello che oggi è considerato un vero e proprio distretto industriale.

Basti pensare che oggi il Veneto è secondo solo alla Lombardia ed è qui che si concentrano alcune delle più importanti aziende specializzate nella produzione di prodotti per l'illuminazione. Per non parlare poi del settore calzaturiero, che proprio negli ultimi anni ha visto un ritorno della sua filiera nelle zone tra Asolo e Montebelluna, o ancora del distretto del mobile del Friuli-Venezia Giulia, tra i principali comparti a confermare il prestigio e la qualità del Made in Italy nel mondo.

Una delle prime porte a cui bussai fu quella di MM Lampadari, impresa nata nella seconda metà degli anni Sessanta che lavorava come terzista.

"Dove vutu andar ceo? Cosa vutu far qua su par i monti?" – ovvero: "Dove vai ragazzo? Cosa vuoi fare qua sui monti?" – mi chiesero la signora Mondin e la signora Virago, rispettivamente l'amministratrice e la responsabile acquisti dell'azienda.

Non posso negare che ci rimasi un po' male, non mi aspettavo un'accoglienza di quel tipo, ma non mi lasciai demoralizzare, sfoderai il mio sorriso e iniziai a presentare loro il mio lavoro.

Ben presto capii che il loro scetticismo era frutto della poca serietà del fornitore abituale che, pur distando solo 10 chilometri, era solito non rispettare le consegne. Al telefono confermava che il camion era partito, ma poi passavano giorni e giorni e il camion non arrivava mai, lasciando l'azienda in gravi difficoltà perché priva degli imballaggi di cui necessitava per spedire la merce.

Quindi, dopo tutti i miei sforzi per presentare Trevikart, la signora Virago mi zittì e mi chiese: "Se faccio un ordine oggi, entro quando me lo consegni?".

Senza indugio le risposi che sarei riuscito a consegnare la merce entro una settimana.

"Sei sicuro?"

"Certo!"

Così prese un foglietto di carta, appuntò lì il suo ordine e mi disse: "Vedrai che, se sarai puntuale nella consegna, non avrai difficoltà a lavorare con me".

Riuscii a rispettare i tempi stabiliti, così la signora in questione, una donna concreta e senza peli sulla lingua, sinceratasi della mia serietà e convinta che fossi una brava persona, mi indicò altri indirizzi dove andare a bussare.

"Aziende serie," disse "che sicuramente ti pagheranno".

Grazie all'aiuto di queste signore, riuscii a contattare altre nuove aziende e a guadagnarmi la loro fiducia.

In questa nuova fase di responsabile vendite, il mio lavoro consisteva nel programmare le visite a clienti consolidati e nuovi, raccogliere da loro gli ordini, tornare in azienda e consegnare il tutto a mia sorella, che gestiva produzione e consegne.

All'epoca i computer e i cellulari non esistevano, tutto il lavoro di gestione e fatturazione veniva riportato a mano su degli appositi registri. Inoltre, gli uffici erano a Zero Branco, mentre parte della produzione si era spostata a Ospedaletto d'Istrana nel capannone che avevamo costruito, dove per i primi tempi non avevamo né luce elettrica né acqua né linea telefonica.

Il capannone era stato costruito in un'area di campagna che in quel periodo iniziava a trasformarsi in una zona industriale. Poiché fummo i primi, il Comune ci concesse subito il permesso di costruire e 10/15 kW di corrente, a patto che non avanzassimo ulteriori richieste perché non era intenzionato a supportarci per nessun altro aspetto, tranne per ciò che era necessario per avviare il cantiere.

Il problema era che l'allaccio della corrente distava circa un chilometro dal luogo dove stavamo edificando, dunque fummo costretti a piantare dei pali lungo tutto il tragitto e a tirare un chilometro di cavo fino alla nostra azienda, creando una vera e propria linea elettrica provvisoria.

Sì, provvisoria perché il voltaggio non era sufficiente: quando si accendevano le macchine per la produzione, le luci si abbassavano e perdevano di potenza e ci ritrovavamo praticamente a lavorare al buio, incontrando a non pochi problemi.

Andammo andati avanti così per un po', nell'attesa che il Comune si decidesse a costruire la cabina necessaria a portare fin lì più elettricità, fino a quando, stanchi delle scuse che di mese in mese ne rimandavano la costruzione, decidemmo di acquistare un gruppo elettrogeno da 70 kW che ci avrebbe consentito non solo di lavorare in tranquillità, ma soprattutto di poter tenere accese le luci.

Lavorare in tranquillità... per modo di dire! Il capannone confinava con il territorio di un contadino convinto che il fumo del generatore gli rovinasse le foglie dei gelsi. Una sciocchezza, ma pur sempre un fastidio.

Così, per evitare ulteriori seccature, gli proposi di vendermi il terreno.

La trattativa durò circa due anni. Io gli offrivo 30 milioni di lire e lui me ne chiedeva 50. Io rialzavo a 50 e lui ne voleva prima 70 e poi, a seguire, 80.

Ebbene, per quanto io sia bravo a contrattare sul prezzo, e chi mi conosce lo potrà confermare, ero stanco di sentire le sue lamentele, così un giorno gli proposi: "Stasera vengo a casa tua con 100 milioni di lire e mi dai il terreno, così la finiamo una volta per tutte".

Erano altri tempi e soprattutto non c'erano particolari limiti sugli importi da poter corrispondere in contanti.

In serata mi recai a casa sua. Dopo alcune titubanze, la moglie, che era alle prese con il caffè, si accorse che nella valigetta aperta c'erano davvero 100 milioni di lire in contanti. Si rivolse allora al marito, dicendo: "Massì, daghe 'sta tera e che a sia finia", ovvero "Dagli questa terra e facciamola finita".

Un altro problema era risolto.

Questa nuova parte di terreno ci consentì di costruire un ulteriore capannone e proseguire con l'espansione dell'azienda.

Il Comune tardava ad allacciare la linea telefonica, così per ovviare al problema e facilitare le comunicazioni con la sede di Zero Branco, creammo un ponte radio in CB, come quello utilizzato abitualmente dai camionisti.

A Zero Branco, infatti, il telefono c'era, lì arrivavano gli ordini e tutte le comunicazioni necessarie ad avviare la produzione. Il ponte radio rappresentò una svolta, ma allo stesso tempo ci mise di fronte a un altro problema: la privacy dei nostri clienti. Sebbene ne utilizzassimo una diversa, non era escluso che un estraneo potesse immettersi sulla stessa frequenza e ascoltare le nostre conversazioni come se stesse al telefono. Escogitammo, pertanto, un sistema per non menzionare il nome dei nostri clienti, associando a ogni cliente un numero, così gli ordini potevano essere comunicati in tranquillità, ma soprattutto nel rispetto della privacy di chi aveva riposto la sua fiducia nella nostra azienda e lontano dalle orecchie indiscrete dei nostri concorrenti.

Nel frattempo, la nostra espansione continuava: acquistammo un terreno di circa 30.000 metri quadrati situato alle spalle della proprietà dove avevamo costruito i due capannoni. Il problema era che il terreno si trovava in prossimità del parco del fiume Sile: una superficie di circa 4000 ettari che abbraccia le province di Treviso, Padova e Venezia e che agli inizi degli anni Novanta è stato dichiarato aerea protetta. Ottenere il permesso per costruire necessitava di un iter particolare che ci fu concesso dopo mille peripezie.

Erano gli inizi degli anni Ottanta e la possibilità che ci fornì questo ampliamento di altri 15.000 metri quadrati del capannone, oltre a rappresentare un'opportunità di ulteriore crescita per la nostra azienda, fu anche l'inizio dei contrasti con il mio socio.

Erano trascorsi dieci anni dalla nascita di Trevikart e fino a quel momento non avevamo avuto alcuno screzio, ma gli spazi acquisiti con l'espansione del fabbricato avevano stuzzicato il mio spirito imprenditoriale, radicando in me la convinzione che l'acquisto di una macchina per produrre i fogli di cartone avrebbe rappresentato per noi un'ulteriore svolta.

All'epoca, infatti, il 70-80% del cartone proveniva dalla Toscana, la culla della produzione cartaria. Lì, storicamente, erano nate le cartiere e i primi ondulatori che accoppiavano i fogli di carta e li trasformavano in fogli di cartone ondulato.

Se guardiamo alla storia della carta in Italia, l'area della Toscana che si estende tra le province di Lucca e Pistoia, e le Marche, in particolare Fabriano, rappresentano attualmente i due più grandi distretti della carta. Mentre in Toscana si è sviluppato inizialmente il prodotto *tissue*, utilizzato per la carta igienica, la carta casa e i fazzoletti, e poi successivamente la carta da imballaggi che utilizziamo anche noi per il cartone, Fabriano è nota principalmente per la carta da stampa, la cui produzione, stando ad alcuni documenti storici, risale al 1264, epoca in cui il processo produttivo prendeva avvio dal cotone. Con l'invenzione della stampa a caratteri mobili nella seconda metà del XV secolo, la richiesta di carta aumentò notevolmente, ma fu nella prima metà dell'Ottocento che le cartiere italiane videro consolidare il proprio ruolo di moderno polo industriale.

Durante i miei viaggi in automobile avevo fatto qualche calcolo a mente e mi ero reso conto che produrre il cartone in casa ci avrebbe consentito di abbattere i costi di trasporto dalla Toscana al Veneto, costi che si sarebbero trasformati in un notevole margine per noi che avremmo potuto sfruttare per essere più competitivi.

Eravamo cresciuti tanto e rapidamente, ormai i tempi erano maturi per far sì che non ci limitassimo più soltanto alla lavorazione delle scatole, ma che diventassimo un'azienda integrata, occupandoci della produzione sia del foglio sia dell'imballaggio.

Giovanni però non era del mio stesso avviso. Dopo anni di sacrifici, durante i quali non solo raramente eravamo riusciti a prendere lo stipendio, ma non avevamo nemmeno distribuito i dividendi derivati dagli utili della nostra società perché avevamo continuato a investire, il suo unico desiderio era di stare un po' tranquillo e iniziare a godersi i risultati raggiunti.

Per lui l'acquisto della nuova macchina ondulatrice non rappresentava un investimento, ma solo un'ulteriore spesa che avrebbe alleggerito il conto in banca della società, accrescendo il peso delle nostre preoccupazioni.

Invece, più passava il tempo, più ero sicuro di ciò che volevo. Trevikart si era guadagnata la fama di società seria, puntuale e costante. Le più grandi realtà produttive della zona erano nostri clienti: Zoppas, San Benedetto, Benetton, Tecnica e tante aziende del settore calzaturiero. Marchi conosciuti in tutto il mondo e per i quali siamo onorati di lavorare ancora oggi, garantendo la qualità degli imballaggi e dunque proteggendo l'integrità dei loro prodotti nel mondo.

Non potevamo fermarci proprio adesso, non potevamo rinunciare a rendere integrata la nostra filiera produttiva.

CAPITOLO 5

RISALIRE LA FILIERA

Devo essere onesto, per quanto io sia sempre pronto al dialogo e al confronto, quando sono sicuro di qualcosa non è semplice farmi cambiare idea. Così, dopo vari tentativi spesi nel convincere Giovanni ad appoggiare la mia visione e affiancarmi in questo nuovo, spregiudicato investimento, una mattina decisi di prendere il blocchetto di assegni intestato alla nostra società e partire per Cesena.

Mi era giunta voce che un'azienda della zona, Ondulati Del Savio, avesse comprato un nuovo ondulatore e dismesso il vecchio, mettendo in vendita la storica macchina per la produzione del cartone. Qualche giorno prima avevo chiamato il proprietario e chiesto un appuntamento per andare a vederla.

Le condizioni in cui versava la macchina erano disastrose. Definirla un residuato bellico è un complimento: era completamente smontata e i pezzi erano accatastati qua e là in un capannone e ricoperti di polvere. Insomma, dopo averla vista, per i miei sogni di gloria sembrava non esserci alcun futuro.

La mia testardaggine, però, spesso ha il sopravvento su tutto, sicché dopo averci ragionato su, decisi di contattare il signor Villa, un meccanico ormai in pensione che viveva nei dintorni di Varese e che per anni aveva lavorato per un'officina che si occupava proprio della costruzione e della manutenzione di questo tipo di macchine.

Inizialmente ci sentimmo al telefono: gli spiegai la situazione e, poiché lui non guidava, mi disse che, se fossi andato a prenderlo, sarebbe venuto con me a Cesena per vedere la macchina e darmi il suo parere sulle sue potenzialità.

Non me lo feci ripetere due volte, la mattina successiva andai a prenderlo, lo accompagnai a visionare la macchina e, dopo un veloce pranzo con il titolare dell'azienda, ripartimmo in direzione di Varese. Una volta rimasti soli, il tecnico mi comunicò il suo responso: nonostante le condizioni disastrose, la macchina valeva l'investimento immaginato. Da principio la sua risposta suscitò in me qualche dubbio, non mi sembrava possibile che quel rudere avesse del potenziale nascosto. Lui però mi rassicurò: "Tu non ti preoccupare, comprala e io mi occuperò del montaggio. A un'unica condizione: mi vieni a prendere il martedì, io ti organizzo il lavoro fino al lunedì successivo e tu il giovedì sera mi riaccompagni a casa. Quando poi ritorno il martedì dopo, controllo che i lavori fatti siano stati eseguiti in maniera corretta e ti organizzo il lavoro per i giorni a seguire".

Montare la macchina avrebbe richiesto almeno cinque mesi di lavoro e senza il suo aiuto non avrei proprio saputo come fare. Villa mantenne la parola e, solo grazie alla sua professionalità e onestà, i miei progetti iniziarono a prendere forma concretamente. Inoltre, il suo compenso mi faceva ben sperare sui futuri margini di guadagno: la macchina, infatti, era costata 200 milioni di lire e, se avessi affidato il lavoro di montaggio a un'altra officina, ne sarebbe costata almeno altri 100. Il signor Villa portò a termine il lavoro con un compenso di 10 milioni, metà dell'importo che mi era stato scontato dal venditore. Il prezzo iniziale dell'impianto, infatti, era 220 milioni di lire e inizialmente il venditore l'aveva piazzata a un acquirente sardo che aveva versato un anticipo di 20 milioni. L'acquirente però non si era mai presentato per riscattare il suo acquisto e pagare il saldo dovuto, così, a suo dire, aveva deciso di farmi uno sconto sul prezzo iniziale, detraendo l'anticipo ricevuto e includendo nel prezzo anche una serie di accessori, quali cavi elettrici e valvole, che a lui non servivano più, ma che risultarono utilissime al momento dell'assemblaggio della macchina.

Nonostante trattare il prezzo sia sempre stata una delle mie doti, a dir la verità dello sconto mi interessava ben poco. In quel momento il mio unico interesse era portare l'ondulatore a casa e dare inizio a una nuova fase della mia storia aziendale. Questo "colpo di matto" segnò l'inizio dei dissapori con il mio socio. Scoprire che avevo utilizzato i soldi dell'azienda senza il suo consenso, ovviamente lo mandò su tutte le furie. L'operazione che avevo fatto rientrava nella straordinaria amministrazione e dunque necessitava della sua approvazione. Lo sapevo bene e me ne ero altamente infischiato, dunque ora mi ritrovavo con una macchina nuova da avviare e un socio pronto a farmi la guerra.

Non aveva certo torto a essere arrabbiato: quando gli avevo proposto l'acquisto della macchina, la sua risposta era stata chiara. Io però ero convinto che questa operazione avrebbe rappresentato per l'azienda una svolta e questa certezza era così radicata da spingermi a rischiare e agire alle sue spalle.

Iniziarono i primi scontri. Civili, sì, ma sempre scontri, in occasione dei quali Giovanni rivendicava le sue ragioni, evidenziando i miei torti. Dal mio punto di vista, queste polemiche erano solo una perdita di tempo, avevo un impianto da assemblare e dovevo avviare il lavoro di produzione del cartone. Sicché un giorno, stanco delle continue recriminazioni, lo misi di fronte a una scelta: o decideva di rimanere nella società, crescendo insieme a me nel settore della carta, o sarei andato avanti da solo.

Dopo alcune perplessità, Giovanni decise di partecipare alla nuova società. Eravamo nel 1984 e nasceva Ondulato Trevigiano, uno dei primi ondulatori su tutto il territorio veneto dedicato alla fabbricazione dei fogli di cartone ondulato. Il 17 febbraio dello stesso anno mi ritrovai a festeggiare anche un'altra nascita, finalmente quella di mio figlio Francesco... nel frattempo, non so come mai, il nome Alvise non ci piaceva più.

L'idea di partenza era che Ondulato Trevigiano si occupasse solamente della produzione di cartone ondulato, cartone che avremmo venduto a noi stessi, ovvero a Trevikart che ne avrebbe poi gestito la lavorazione. Fino a quel momento la produzione era stata solo di imballaggi, ovvero di scatole finite, ma con la nascita di questa nuova azienda potevamo finalmente integrare alla fonte la filiera produttiva, realizzando i fogli di cartone e liberandoci dal vincolo dei fornitori.

L'idillio raggiunto durò poco. Dopo soli tre giorni, Giovanni mi comunicò che aveva intenzione di ritirarsi da Ondulato Trevigiano e rimanere solo in Trevikart. A quel punto, fui io ad arrabbiarmi perché il dietro front di Giovanni generava una situazione di conflitto di interessi: fino a quando fossimo stati soci alla pari di entrambi le società, Ondulato Trevigiano non avrebbe incontrato alcun problema nel vendere il cartone a Trevikart, che era la società madre di questa operazione, ma sciogliere la società, e lasciarmi da solo alla guida di Ondulato, in tempi brevi avrebbe rappresentato sicuramente un problema.

Giovanni non volle sentire ragioni e così mi ritrovai a essere l'unico proprietario di Ondulato Trevigiano. La prima azione era avviare l'attività di manutenzione della macchina, ma per farlo era necessario chiedere un finanziamento che mi consentisse di coprire il costo della macchina, del montaggio, dell'acquisto della caldaia e della costruzione degli impianti necessari per iniziare la produzione. Da una prima stima valutammo che l'importo necessario per metterla in moto fosse di circa 600 milioni di lire.

Ancora oggi sono convinto che siano stati soldi ben spesi.

A un anno dalla sua messa in funzione avevamo già guadagnato un miliardo di lire, rientrando non solo dei costi sostenuti, ma soprattutto garantendoci in casa la produzione del nostro fabbisogno di cartone e ottenendo ulteriori guadagni dal cartone venduto agli scatolifici della zona.

Le cose andavano bene, ma c'era ancora una questione in sospeso perché la strada dell'integrazione avviata da Ondulato Trevigiano era ostacolata dalla situazione poco chiara che mi vedeva socio al 50% di Trevikart. Decisi così di fare un'offerta a Giovanni e gli chiesi di cedermi le sue quote di Trevikart. Da quel momento ebbe inizio una lunga trattativa, un'epopea che io e la mia famiglia avevamo ribattezzato scherzosamente "Dallas", come la serie tv in voga in quegli anni, e che per più di un anno ci vide attori di svariate puntate.

Ogni giorno provavo a convincere il mio socio a cedermi la sua parte di azienda e ogni giorno mi ritrovavo a fronteggiare i suoi umori che lo vedevano, in maniera altalenante, o favorevole o del tutto contrario.

Puntavo su quegli elementi che avrebbero potuto deteriorare definitivamente il nostro rapporto perché ero certo che, prima o poi, Giovanni avrebbe messo in discussione i prezzi applicati e l'entità dei guadagni raggiunti. Una situazione troppo precaria dalla quale sarebbero nate sicuramente delle dispute interne.

Dopo mesi di contrasti e cambi di idea, ero giunto alla conclusione che non avremmo cavato un ragno dal buco. Decisi così di fargli una nuova offerta, affiancando alla richiesta di acquisto la proposta di affitto del 50% delle sue quote, formulando una pianificazione sulla base degli utili raggiunti al momento della firma dell'accordo.

Anche in questo caso, Giovanni preferì non prendere subito una posizione e, se fino ad allora ci aveva seguito nella trattativa un unico commercialista, su questa proposta il mio socio decise di dare personalmente incarico a un altro professionista che potesse tutelare al meglio i suoi interessi.

Credo che questa scelta abbia rappresentato il primo momento di svolta. Fino a quel punto, infatti, qualsiasi dialogo intrapreso era stato intavolato personalmente da me e Giovanni e spesso si era trasformato in un dibattito acceso. L'intermediazione di due soggetti estranei, ma soprattutto non emotivamente coinvolti, ci aiutò a portare avanti le trattative e a mettere sul tavolo diverse soluzioni che potevano soddisfare sia le richieste di Giovanni sia le mie.

Trascorsero altri mesi e alla fine a rimanere sul tavolo fu solo la proposta di affitto delle quote.

Iniziò una nuova trattativa.

L'idea del mio socio era affittarmi le sue quote per un periodo che si aggirava tra i due e i tre anni per poi ritornarne in possesso. A quel punto, mi interessava sapere se dopo tale periodo sarebbe stato intenzionato a rientrare a pieno titolo nella società, non solo quindi come socio di Trevikart ma anche di Ondulato Trevigiano e di altre eventuali realtà aziendali che avrebbero potuto prender forma durante il periodo dell'affitto.

Giovanni scelse di tenersi aperta una porta e decidere al termine del periodo di affitto se rimanere solamente in Trevikart, valutazione che sarebbe derivata dagli obiettivi e dai guadagni raggiunti durante il lasso di tempo stabilito.

Chiarito questo aspetto, passammo a definire il periodo di affitto e la valutazione delle quote.

La mia proposta era che l'arco temporale dell'affitto fosse di almeno sei anni, ma per Giovanni erano troppi e ne propose tre, a quel punto gli feci la mia controproposta, prospettando un affitto di cinque anni, e dopo vari tentennamenti riuscii a portare a casa questo risultato, decidendo che avremmo congelato il valore di Trevikart a 2 miliardi di lire, cifra che in quel momento corrispondeva al fatturato. Al termine di questo periodo avremmo rivisto i valori e valutato il suo eventuale rientro in azienda. Io mi impegnai a corrispondere l'eventuale differenza, qualora il fatturato fosse stato inferiore, e il mio socio a corrispondermi l'eventuale valore in eccesso. Quest'ultima mia richiesta fu approvata dal suo consulente.

Un altro tassello era stato portato a casa. Dunque, fino a quel momento avevamo concordato cinque anni di affitto, congelamento di 2 miliardi di fatturato, restituzione del fatturato, o migliorativo o peggiorativo, con la compensazione delle eventuali plusvalenze o minusvalenze.

Restava sospesa la questione "prezzo".

Nei giorni a seguire a quella che era stata una lunghissima trattativa, io e Giovanni iniziammo a ragionare insieme sull'importo che avrei dovuto corrispondere per l'affitto. In quel momento l'utile che la società guadagnava all'anno era 150 milioni di lire al lordo delle tasse, dunque la mia idea era versargli annualmente un importo pari a 70 milioni di lire, poco meno della metà del guadagno totale.

Apriti cielo!

Mi sembrava un'offerta ragionevole che gli avrebbe garantito un guadagno pari a quello che gli sarebbe stato riconosciuto se fosse rimasto parte attiva della società. Giovanni però non era dello stesso avviso, anzi si sentì quasi offeso da una proposta così "misera".

Chiese, pertanto, che fosse fatta una nuova valutazione, così rilanciai aggiungendo altri 7 milioni di lire e, dopo varie discussioni, decisi di abbandonare le trattative.

Le ripresi alcuni giorni dopo, a seguito di alcune valutazioni che mi portarono a offrire 100 milioni di lire. Una cifra, a mio avviso, a dir poco spropositata, ma il desiderio di chiudere la partita era troppo forte. Inoltre, secondo i miei piani, gestendo tutto a mio modo sarei riuscito a portare gli utili a 200, se non addirittura a 300 milioni di lire nel giro di due, massimo tre anni.

Misi i 100 milioni sul tavolo e mi augurai che la trattativa si chiudesse una volta per tutte.

Giovanni rispose picche anche a questa offerta. Capii che era sufficiente un ulteriore rialzo per farlo cedere, così, in barba a qualsiasi legge di mercato, decisi di rilanciare: 125 milioni di lire, la mia ultima offerta. Gli dissi che non avrei ceduto una lira di più e che nessun altro sarebbe stato così pazzo da concedergli una cifra simile.

Finalmente Giovanni accettò, riservandosi di darmi conferma definitiva la mattina seguente.

Ci salutammo, dandoci appuntamento al giorno dopo. A quel punto, ero convinto di essere riuscito finalmente a chiudere la partita.

Dicono che il mattino ha l'oro in bocca. Nel mio caso, il mattino successivo mi mise davanti a una nuova richiesta di Giovanni: sei mesi di garanzia dell'affitto in un libretto bancario al portatore in conto deposito, al quale poteva accedere mensilmente per controllare che la somma fosse stata versata. La richiesta all'apparenza sembrava meno problematica, ma avere 125 milioni di lire disponibili in banca non era affatto semplice, tutt'altro!

Con l'aiuto di un mio amico bancario, misi a punto uno stratagemma: ogni mese prelevavo 125 milioni dal conto corrente della società e li versavo sul libretto il 29 del mese, in modo che il mio socio potesse verificarne la presenza. Dopo il controllo, i primi del mese, riprendevo i soldi dal libretto e li trasferivo nuovamente sul conto dell'azienda. Questo movimento mi consentiva di avere a disposizione la liquidità necessaria per gestire il mio lavoro e andare avanti senza tenere cifre bloccate sul conto senza motivo.

Per i primi mesi le verifiche furono puntuali, poi Giovanni smise di fare i suoi scrupolosi controlli e tutto andò per il meglio. Il pagamento preciso delle mensilità aveva fatto sì che riacquistasse l'iniziale fiducia riposta in me, fiducia che aveva portato alla nascita di Trevikart e che ci avrebbe condotto molto lontano e insieme, se solo avesse deciso di assecondare il mio spirito imprenditoriale anziché tirarsi indietro.

Ripenso spesso a quel periodo. Rivedo un giovane Bruno entusiasta, impaziente, spregiudicato. Spesso impetuoso, ma non nel senso negativo del termine. Credevo, come del resto credo tuttora, nel mio lavoro ma soprattutto nelle potenzialità di crescita della nostra azienda, e mi sentivo quasi tarpare le ali, come se Giovanni fosse cieco di fronte a tutte queste opportunità.

Stavamo gettando le basi per avviare un processo che ci avrebbe consentito di integrare la nostra filiera, di essere più indipendenti e di avere vantaggi competitivi interessanti per i nostri clienti, di essere più veloci nel servizio e di controllare la qualità in modo costante. Era l'inizio di una storia imprenditoriale ancora oggi illuminata da valori quali lo sviluppo tecnologico nel rispetto dell'ambiente lungo l'intera filiera integrata, dalla raccolta fino al prodotto finito, nel solco di una sostenibilità che abbraccia tutto, anche l'utilizzo di fonti energetiche alternative. La nostra azienda era tra le prime in Italia a non considerare la carta come un semplice rifiuto, ma come una materia prima da rigenerare. Eravamo stati lungimiranti a capire che il legno non poteva essere il futuro, che non era possibile continuare a produrre impattando negativamente sull'ambiente e che esistevano altre forme di imballaggio che, grazie all'uso del cartone, potevano essere più sostenibili, sufficientemente robuste e più personalizzabili. Ripenso alle discussioni, ai motivi che spinsero Giovanni a non assecondare il mio spirito imprenditoriale, lo stesso spirito che fino a quel momento ci aveva aiutati a crescere.

Ripenso anche alle motivazioni che lo indussero a intraprendere una determinata strada. Ho sempre avuto l'impressione che a condizionare le sue scelte fosse stata la sua famiglia, una famiglia unita, molto presente, come è giusto che sia, e che probabilmente vedeva nelle mie proposte un azzardo, un rischio che ci avrebbe allontanati da quel porto sicuro che eravamo riusciti a conquistare.

In quegli anni le cose incominciavano ad andare bene, potevamo entrambi condurre una vita decorosa, finalmente a fine mese riuscivamo anche a portare lo stipendio a casa. Forse, se non avesse avuto certe pressioni, mi avrebbe assecondato e accompagnato per parte del percorso che ha portato alla nascita del Gruppo Pro-Gest.

Oggi, con il senno di poi, sono meno duro nel giudicare la sua scelta, ma allo stesso tempo sono fiero di poter dire di aver avuto ragione.

CAPITOLO 6

NUOVA VITA ALLA CARTA

1985. L'anno di quella che è stata ribattezza la nevicata del secolo. Una nevicata che durò ben settantadue ore e che ricoprì Treviso e la sua provincia con quasi 40 centimetri di neve. Un evento eccezionale, un tempo che sembrò infinito proprio come la trattativa con Giovanni che finalmente in quello stesso anno trovò una quadra, permettendomi di iniziare un nuovo percorso imprenditoriale.

La mia idea era investire i guadagni di Trevikart e Ondulato Trevigiano in nuove realtà aziendali e contribuire così alla crescita della società, replicando un modello di business che stava dando ottimi risultati. Eravamo in una fase positiva di mercato, i distretti industriali veneti si stavano espandendo e sempre di più le nostre produzioni locali avevano bisogno di essere trasportate in modo sicuro in tutto il mondo.

L'incremento del fatturato era fondamentale non tanto per il profitto generato, quanto perché avrebbe consentito di fare nuovi investimenti, acquistare nuovi macchinari o ammodernare quelli già esistenti, incrementare l'efficienza e spingere le macchine alle migliori performance, anche per emissioni e impatto ambientale. Volevo sempre di più essere parte attiva di quel modello di economia circolare che caratterizza la filiera della carta.

Continuavo a pensare all'integrazione e a quanto ancora avrebbero potuto migliorare le cose, se fossimo riusciti a essere sempre più indipendenti, magari producendoci anche la carta oltre al cartone.

"Contribuire con il mio lavoro al processo evolutivo che porta avanti una società", questo inconsciamente ho fatto, come mi ha detto una persona a me vicina non molto tempo fa. Credo sia stato uno dei complimenti più lusinghieri che abbia mai ricevuto, che mi ha fatto riflettere. Effettivamente, fino a poco più di sessant'anni fa, la carta vecchia non si riciclava, si bruciava.

Ora che non avevo più uno socio a cui dover rendere conto, potevo dedicarmi completamente al mio progetto: ridare vita alla carta.

Ridare vita alla carta, sì, ma attraverso un circolo virtuoso, senza perdere di vista importanti questioni quali il risparmio energetico e la sostenibilità del territorio.

In quello stesso anno il Gruppo Pro-Gest si integrò ulteriormente nella produzione del cartone ondulato e a Zero Branco venne costituita Plurionda, azienda specializzata nella produzione di cartone speciale, microonda e microtriplo, due tipi di onde leggere, ideali per gli imballi di piccole dimensioni. Due anni dopo sorse Unioncart, dedicata invece alla produzione di scatole fustellate in cartone ondulato, due realtà che con il loro range di prodotti hanno contribuito a espandere la nostra offerta e partecipato positivamente ai risultati del gruppo.

Fu il 1988 però a segnare un importante momento di svolta.

S.I.Cart. era una cartiera di Mesola, in provincia di Ferrara, chiusa nei primi anni Ottanta dopo aver dichiarato fallimento. Era stata messa all'asta già diverse volte, ma nessuna era andata a buon fine.

Forse sarò esagerato, ma sembrava quasi che stesse aspettando me.

Nel 1988 c'erano tutte le condizioni favorevoli affinché anch'io potessi partecipare all'asta pubblica che fu indetta per rimetterla in vendita e, auspicabilmente, in funzione.

Ci presentammo in tre. Uno fu eliminato subito perché la documentazione presentata non era in regola, io e un altro possibile compratore invece risultammo idonei.

Decisi di non gestire personalmente l'offerta, ma di affidarmi a un commercialista che in quello stesso periodo aveva rapporti di lavoro con i Benetton, la famiglia che ha fondato l'azienda tessile di Ponzano Veneto e che in quegli anni era già quotata alle Borse di Milano, New York e Francoforte. Un'importante realtà imprenditoriale della provincia trevigiana e, dunque, dalle grandi disponibilità economiche. Fu così che iniziò a girare la voce che fosse la famiglia Benetton a voler comprare questa cartiera, usando me come intermediario.

La mattina dell'asta io e l'altro possibile acquirente ci ritrovammo seduti uno accanto all'altro in prima fila. Conoscevo bene questa persona, così come ero al corrente della sua abitudine di partecipare alle aste per tirare su il prezzo e provare a guadagnare sottobanco senza correre alcun rischio.

Come mi aspettavo, totalmente incurante del giudice che era seduto a pochi metri da noi, il mio concorrente mi batté il gomito dicendo: "Se mi dai 50 milioni, io non alzo il prezzo".

Vorrei poter dire che ne rimasi sorpreso, ma non fu così. Gli risposi che ero solo un prestanome, che a gestire le offerte era il commercialista che avevo accompagnato e che avrebbe dovuto rivolgersi alla persona giusta, ma quella persona non ero io.

Non si diede per vinto e portò avanti la sua personale trattativa, insistendo che, se non gli avessi dato ciò che chiedeva, avrebbe rilanciato. Stanco delle sue insistenze e a disagio rispetto al giudice che, se avesse sentito i nostri discorsi, si sarebbe visto costretto ad annullare l'asta, gli dissi di fare quel che voleva.

"Alza pure il prezzo," gli risposi "portalo in alto e poi, se io mollo, sarà tuo l'onere di pagare".

Decise di lasciar perdere: "Va bene, ne riparliamo nei prossimi giorni".

L'asta, infatti, dava la possibilità di rilanciare nei dieci giorni successivi alla prima offerta con un incremento sul prezzo che si aggirava tra il 10 e il 20%. Io offrii 800 milioni di lire, chiarendo al giudice che mi stavo impegnando solo all'acquisto della cartiera in sé e non anche alla montagna in metri cubi di rifiuti che era lì ammucchiata, rifiuti il cui costo di ricompattamento e smaltimento poteva raggiungere circa un miliardo di lire.

Il giudice accolse la mia richiesta e, dopo aver battuto l'asta, andammo via.

Il giorno successivo iniziarono ad arrivare le telefonate. A chiamare non era soltanto l'altro possibile compratore, ma anche alcuni individui messi in campo da questo personaggio che sperava di mettermi alle strette e spingermi a pagare i 50 milioni di lire per non far riaprire l'asta.

Mi stancai subito e dissi alla mia segretaria di rispondere che ero partito per i Caraibi e che era impossibile raggiungermi.

Chi mi conosce bene sa che non avrei potuto trovare scusa più inverosimile, perché non è che sia un grande fan dei viaggi e sono da sempre sostenitore del mio personale motto: "Meglio che a casa non si sta!".

Trascorsero i dieci giorni stabiliti e, in compagnia di mia moglie, Giancarlo Giacomin e di sua moglie Giovanna, mi recai in tribunale per assicurarmi che non ci fosse stato alcun rilancio dell'ultimo minuto.

Giancarlo da cinquant'anni è un mio fidato collaboratore e all'epoca si occupava di tutte le questioni amministrative delle aziende del gruppo.

Quando avevo iniziato a valutare la possibilità di acquistare una cartiera, gli avevo chiesto se fosse disposto a farsi carico della gestione. Poiché carta non ne avevamo mai fatta, si trattava di avviare una realtà aziendale del tutto nuova. Giancarlo avrebbe dovuto trasferirsi lì per gestirla al meglio e imparare un mestiere che fino a quel momento non aveva mai fatto.

Si era fidato di me e aveva accettato la sfida. Un pazzo!

Non era scontato che lo facesse, in fondo fino ad allora era stato il ragioniere del gruppo e lavorava nella sede di Ospedaletto, e io gli stavo chiedendo di andare a occuparsi di bobine di carta, di sporcarsi le mani e lavorare in un'azienda a ciclo continuo, sette giorni su sette, quasi ventiquattr'ore al giorno. Credo che non avrei potuto proporgli un impiego più diverso. E non mi limitai a questo. Gli chiesi di andare a svolgere questa mansione a 200 chilometri da casa sua e di portare con sé l'intera famiglia. E per fare cosa? Un salto nel vuoto.

Di tanto in tanto mi domando come sia riuscito a convincerlo. Anzi, in un certo senso lo so. È che mi appassiono talmente tanto che riesco a trascinare anche il più scettico a vedere le potenzialità di una cosa, mi entusiasmo come un bambino e riesco a trasmetterlo agli altri. Non so se si chiami carisma o leadership, a me piace chiamarla passione. Credo sia stata proprio la condivisione di questo progetto con Giancarlo ad averci portato ad affrontare tutto questo insieme, con la convinzione assoluta che non avremmo potuto fallire perché ci credevamo troppo. Questo passaggio è stato fondamentale per lo sviluppo futuro di Pro-Gest e a Giancarlo devo molto di quello che è stato il nostro successo.

Ancora oggi faccio fatica a trovare le parole per spiegare l'insieme di sensazioni che accompagnarono i giorni che mi separavano dalla chiusura dell'asta. Avevo scelto di non cedere al ricatto, in parte perché sapevo che il mio avversario si era presentato millantando un interesse che non era reale, in parte perché la mia natura mi impediva di piegarmi di fronte a una proposta simile. Allo stesso tempo, temevo di perdere l'asta perché perderla significava rinunciare all'occasione di dare una svolta alla mia azienda e conquistare un nuovo traguardo nella filiera della produzione della carta.

Andando verso Mesola, ci fermammo a mangiare al ristorante *Al Cason*, in attesa di notizie dal tribunale, e scoprimmo che nessuno aveva rilanciato. La cartiera era nostra e decidemmo di ribattezzarla Cartitalia, un nome che rendeva onore al nostro Paese e all'espansione geografica in Emilia-Romagna, poco oltre il fiume Po, che ci accingevamo a iniziare con i nostri prodotti. Ordinammo subito una bottiglia per brindare al traguardo raggiunto: Cartitalia era appena diventata la prima cartiera del Gruppo Pro-Gest. Avevamo compiuto un altro grandissimo passo a monte della filiera produttiva degli imballaggi, con l'aggiunta della produzione di carta in bobine, pronta a essere convertita in cartone ondulato negli altri stabilimenti del gruppo e, naturalmente, dai clienti terzi.

Pochi mesi dopo l'acquisto, Giancarlo si trasferì a Mesola con tutta la famiglia, andando a vivere in uno degli appartamenti della palazzina situata in prossimità della cartiera. Lì, ha vissuto per circa dieci anni. Non solo ha avviato e gestito la cartiera, seguendo prima i lavori di ristrutturazione necessari per metterla in funzione e poi il suo avviamento durato mesi e la produzione stessa, ma con il suo lavoro ha contribuito a renderla una delle aziende più importanti del nostro gruppo, che a distanza di quasi quarant'anni continua a darci grandi risultati.

La carta riciclata di Cartitalia è riconosciuta sul mercato per la sua qualità e sembra quasi incredibile, soprattutto se ricordo le condizioni in cui l'ho trovata. Una fabbrica circondata da erbacce e rovi selvatici alti quasi 2 metri, tanto da arrivare a coprire le finestre.

Ed è altrettanto incredibile pensare alla sfacciataggine mia e di Giacomin, due "ragazzi" di neanche quarant'anni, che in quei giorni suonavano i campanelli delle case di tutti gli abitanti di quel minuscolo paesino della provincia di Ferrara alla ricerca degli ex dipendenti della cartiera. Avevamo bisogno di qualcuno che potesse insegnarci come si ricavava un foglio di carta da una balla di carta da macero, da un rifiuto.

Se ci penso oggi, mi sembra di aver compiuto una magia.

Il lavoro della cartiera non si fermava mai, un'azienda a ciclo continuo, così nell'agosto del suo primo anno di attività, dopo che le altre aziende avevano chiuso per ferie, mi trasferii a Mesola con la famiglia. Mentre io, Giancarlo, il marito di mia cognata Emma e nostro autotrasportatore di fiducia, Isacco, da tutti chiamato Iseo, e gli altri collaboratori ci dedicavamo al lavoro, le nostre mogli e i nostri figli trascorrevano le giornate al mare.

Nel 1993, a pochi anni dal suo avviamento, dopo aver ammortizzato le tasse e detratto tutti i costi che era possibile detrarre, la cartiera guadagnò tra i 13 e i 15 miliardi di lire. Un risultato davvero eccezionale.

La cartiera di Mesola però non ha rappresentato un cambio di vita solo per Giancarlo e la sua famiglia. Ogni sabato mattina e, quando possibile, anche il venerdì sera, caricavo moglie e figli in auto e partivo alla volta di Mesola. Nel frattempo, la famiglia era cresciuta, i figli da due erano diventati quattro e non era contemplato che li lasciassi a casa. Al tempo stesso, però, Giancarlo necessitava del mio supporto, dovevamo affrontare insieme tutti i problemi della settimana. Non erano poche le criticità della cartiera ed era importante visionarle e analizzarle di persona, così da riuscire a portare avanti la produzione, ma soprattutto raggiungere la migliore efficienza possibile.

Quando le scuole terminavano, l'organizzazione cambiava. La mia famiglia trascorreva parte delle vacanze al mare e parte in montagna, così ero io a seguire gli spostamenti di Anna Maria e dei nostri figli.

Il sabato lavoravo mezza giornata e all'ora di pranzo mi mettevo in viaggio e li raggiungevo a Mesola o a Gallio sull'altopiano di Asiago, in una piccola casa circondata dal verde. Durante i mesi invernali rientravamo tutti insieme la domenica sera, pronti per la scuola del mattino dopo; d'estate, quando la famiglia era in vacanza, rientravo da solo il lunedì mattina.

Tra un un'insalata di riso di zia Emma e una bistecca alla griglia, i discorsi erano sempre gli stessi: si parlava di lavoro, di quello che si era fatto o che c'era ancora da fare e, man mano che crescevano, anche i miei figli diventavano parte attiva di questi discorsi. Ovviamente, la gestione era sempre la mia, ma l'interesse verso il loro punto di vista cresceva insieme alla loro età.

Siamo andati avanti così per molti anni e lo stiamo facendo ancora oggi, anche se le abitudini sono cambiate. I figli sono diventati adulti e hanno intrapreso la loro strada, dando vita ognuno alla propria famiglia.

Sono stato fortunato perché mia moglie ha sempre avuto fiducia in me e mi ha sempre sostenuto, adattando le esigenze sue e dei ragazzi a quelle del mio lavoro. Non era facile gestire quattro bambini, così come non era semplice convincerli a seguirci lontano da casa quando si presentava l'occasione di una festa o di altri impegni con i compagni di scuola. Diciamo che nella nostra famiglia il valore del lavoro è sempre stato molto chiaro e prioritario.

Il supporto di Anna Maria però non si limitava alla gestione famigliare. Già agli inizi degli anni Ottanta, compatibilmente con le esigenze dei bambini, aveva iniziato a darmi una mano in fabbrica. Oggi non è più così, ma in passato il lavoro allo *slotter*, un macchinario utilizzato per la produzione delle scatole, doveva essere supportato dalla presenza di una persona che raccoglieva a mano i fogli che fuoriuscivano dalla macchina per far sì che non volassero dappertutto. In quegli anni, Anna Maria, insieme anche alle mie sorelle, si occupava di questi passaggi. Poi, negli anni a seguire, quando la presenza di Giacomin si è resa indispensabile altrove, ha iniziato a lavorare negli uffici, occupandosi di questioni amministrative e della gestione delle paghe dei dipendenti.

Anna Maria non mi ha mai intralciato e nei momenti difficili è riuscita a darmi conforto, ricordandomi che ero arrivato lontano con le mie idee lavorative e che insieme saremmo riusciti a superare qualsiasi ostacolo si fosse presentato. È sempre stata convinta che ce l'avrei fatta, ha spesso preso le mie difese con i figli, giustificandomi perché il lavoro mi portava a essere un po' meno presente o semplicemente "diverso" dagli altri padri che loro conoscevano. Ed è stata la colla che ci ha tenuto uniti. Tutt'oggi è ancora così.

E anche se non tocca a me dirlo, credo di essere stato bravo, non ho mai fatto mancare nulla alla famiglia e non ho mai portato i problemi di lavoro a casa o le arrabbiature che ne derivavano. La sera ci sedevamo tutti intorno al tavolo per la cena e quello rappresentava il momento per raccontare ciò che era accaduto durante la giornata, per discuterne, ma sempre con l'intento di ragionarci su, di rifletterci insieme e passare oltre.

Ho dialogato e continuo tuttora a dialogare molto con mia moglie, e parlando con lei, indirettamente ho sempre coinvolto in queste chiacchiere anche i miei figli, ho fatto loro "annusare" un po' di carta e un po' di cartone, e abbiamo condiviso le idee e i valori che negli anni hanno contribuito a far crescere il nostro gruppo. E mentre l'azienda cresceva, i miei figli facevano lo stesso, sviluppavano uno spirito critico e durante l'estate, finita la scuola, venivano in azienda ad aiutarci, iniziando così a toccare con mano la nostra attività, a intraprendere quella direzione che oggi ci sta portando avanti insieme, a volte con qualche discussione ma sempre uniti.

I miei figli appartengono a una generazione diversa dalla mia, quindi hanno idee diverse, com'è giusto che sia. Queste differenze però, aiutate anche dalla mia testa dura, a volte possono essere fonte di divergenze. Divergenze che ci impegniamo sempre a superare con il dialogo e con il confronto, proprio come gli ho insegnato a fare fin da quando erano piccoli.

Una volta, un commercialista mi ha detto che le persone muoiono, ma che le società continuano a vivere. Io sono convinto di essere stato fortunato perché ho avuto quattro bravi ragazzi, che hanno voglia di fare e che combattono per farmi comprendere le loro idee lavorative, che amano la carta come me e che stanno creando intorno a loro le proprie squadre, che saranno garanzia di continuità per il Gruppo Pro-Gest.

Ora però mettiamo da parte questi sentimentalismi perché nel mio racconto c'è ancora una partita da chiudere, quella con il mio socio Giovanni.

CAPITOLO 7

DAI GRANDI AI PICCOLI IMBALLAGGI

I cinque anni che dal 1985 al 1990 mi videro gestire le quote societarie di Giovanni furono per le aziende del Gruppo Pro-Gest anni di grandi cambiamenti e crescita economica. Con la nascita di Plurionda e l'acquisto di Cartitalia ero riuscito ad aggiungere nuovi tasselli alla filiera produttiva, incrementando il fatturato e i guadagni, integrando la produzione a monte. Guadagni che venivano puntualmente investiti nell'azienda per comprare nuovi macchinari, modificare la viabilità interna, perché così si risparmiava tempo e si aumentava l'efficienza, acquistare nuovi cilindri che consentivano di migliorare la qualità del cartone prodotto, e investire fondamentalmente nel processo produttivo che avrebbe permesso alle mie aziende di essere moderne, all'avanguardia, competitive nel mercato e tecnologicamente avanzate. Insomma, impianti produttivi che gli inglesi definirebbero "The State of The Art".

Il risultato raggiunto era sicuramente eccezionale e questa mia "visione" rappresenta ancora oggi un punto di forza del nostro gruppo perché, se ci fossimo fermati e non avessimo investito in questi termini, non saremmo diventati i primi nel nostro settore.

Risultato sul quale Giovanni aveva riflettuto durante il periodo di affitto delle sue quote e su cui era intenzionato a vantare pretese.

Terminato il periodo di affitto, Giovanni voleva rientrare in possesso delle quote societarie e continuare il suo percorso in Trevikart. Le sue richieste però, anche stavolta, erano lontane da qualsiasi logica di mercato. Era convinto che dovessi riconoscergli la metà dei profitti ottenuti, guadagni derivati non solo dal lavoro di Trevikart, ma anche da quello delle nuove aziende in cui avevo investito da solo sia in termini personali sia economici. Si ripresentava inoltre la questione del conflitto di interessi relativa ai rapporti commerciali tra Ondulato Trevigiano e Trevikart; dunque, il suo ritorno in società avrebbe portato più problemi che altro.

I cinque anni appena trascorsi avevano radicato in me la consapevolezza di essere in grado non solo di portare avanti l'azienda senza il suo aiuto, ma soprattutto di farla crescere più libera.

Era giunto il momento di liquidare Giovanni una volta per tutte ed entrare in possesso delle sue quote. Del resto, c'erano tutti i presupposti per farlo.

Iniziammo a intavolare un dialogo che ci trovò subito su due posizioni diametralmente opposte.

A fronte del fatturato raggiunto negli anni di affitto, la mia proposta per chiudere definitivamente la partita era di un miliardo di lire. Una divisione che mi sembrava più che equa, essendo soci al 50%.

Giovanni non la prese bene e mise sul piatto una cifra spropositata: era convinto che dovessi corrispondergli almeno il doppio del fatturato, ovvero 4 miliardi di lire.

Mi ritrovai a dover avviare una nuova contrattazione. Lo invitai a ragionare, dicendo che sarei potuto arrivare a 1 miliardo e 200 o 250 milioni, il corrispettivo di dieci anni di affitto, un'offerta che mi sembrava più che ragionevole.

Non volle sentire ragioni e preferì rifiutare la mia offerta a fronte di una richiesta di 3 miliardi e 500 milioni.

Il problema non era soltanto la richiesta in sé ma anche il mio stato di solvibilità. Sapevo che il giorno che avremmo concordato una cifra, poi avrei dovuto adempiere all'impegno preso e, sebbene ci tenessi a chiudere la partita ed entrare in possesso delle sue quote, dovevo fare i conti con le mie possibilità. Giovanni aveva alle spalle una famiglia economicamente solida, che poteva supportarlo in caso di difficoltà, invece io avevo costruito tutto con le mie forze e il mio lavoro, e avevo la responsabilità di moglie e figli; pertanto, non potevo assecondare la sua richiesta.

Il mio stato d'animo in quei giorni vedeva alternarsi angoscia e tristezza. Ero combattuto: da una parte, era forte il desiderio di diventare l'unico proprietario dell'azienda che avevo costruito con tanta fatica; dall'altra, era grande il timore di fare un passo più lungo della gamba, mettendo a rischio non solo i risultati raggiunti, ma anche la mia famiglia e quella dei dipendenti che avevano creduto in me.

Decisi di giocarmi il tutto per tutto offrendo 2 miliardi di lire, l'intero fatturato dell'azienda al momento dell'affitto. "Non chiedermi di più perché non sono in grado di dartelo" ammisi.

Non tenni fede alle mie parole. Quando alla mia offerta aggiunse altri 150 milioni, decisi di accettare il suo rilancio chiudendo la trattativa a 2 miliardi e 150 milioni.

Finalmente avevamo raggiunto un accordo, ora però dovevo trovare i soldi per far fronte all'impegno preso. Non potevo privare l'azienda dell'intero fatturato, così iniziai a contattare diversi istituti bancari, sia quelli con i quali avevo già intessuto rapporti sia quelli con i quali non si era mai presentata l'occasione favorevole per una collaborazione. La mia idea era valutare se ci fossero le condizioni per accedere a un prestito che mi consentisse finalmente di farlo uscire dalla società nel più breve tempo possibile.

Poiché la cifra di cui avevo bisogno era considerevole, le banche esigevano delle solide garanzie che non si limitassero soltanto al patrimonio aziendale, ma che includessero anche quello personale.

A parte la casa che avevo costruito appena sposato e un'altra proprietà acquistata con un sotterfugio proprio dalla famiglia di Giovanni durante gli anni che ci avevano visti alle prese con le contrattazioni per l'affitto delle sue quote – un colpo di mano messo a segno per dimostrare a lui e alla sua famiglia che ero nelle condizioni economiche per far fronte a determinati impegni –, il mio patrimonio personale si aggirava intorno ai 550 milioni di lire.

Mi chiesero in garanzia tutto, persino i mobili che arredavano casa. E in aggiunta vollero che mi impegnassi a non distribuire gli utili delle aziende e, qualora lo avessi fatto, il 5% sarebbe dovuto andare in detrazione al finanziamento ricevuto.

Mi sentivo accerchiato, avevo messo sul tavolo tutto quello che avevo e, a fronte di questo mio impegno, riuscii a concordare un mutuo di un miliardo di lire netto da restituire nel corso di cinque anni.

Si trattava di un rimborso di 200 milioni da corrispondere annualmente, una cifra importante sulla quale bisognava calcolare gli interessi. E poi c'era un aspetto non meno rilevante: sebbene conducessimo una vita relativamente modesta, dovevo riuscire a garantire alla mia famiglia quanto necessario per vivere dignitosamente.

Decisi di fare una proposta alla banca e, dopo alcune trattative, riuscii a portare l'estinzione del mutuo a sei anni, con un importo da corrispondere annualmente di circa 175 milioni di lire. Avevo fatto i miei calcoli e questi margini mi consentivano di far fronte all'impegno preso senza mettere in difficoltà la mia famiglia.

È facile guardare al passato, soprattutto con il senno di poi. Io invece ho sempre preferito guardare al futuro. Non ho mai considerato questo passo una sfida ma un'opportunità, un'occasione che nel giro di sei anni mi avrebbe consentito di essere l'unico padrone delle mie aziende, senza alcuna ingerenza da parte delle banche.

E se fino ad allora avevo dedicato buona parte del mio tempo al lavoro, nell'istante in cui firmai questo ingente finanziamento, la dedizione divenne assoluta, e non solo per me.

Nei sei anni a seguire lavorai anche il sabato e la domenica, e con me anche i miei collaboratori più stretti. Sia chiaro, non avevano nessun obbligo nei miei confronti, ma ci tenevo che fossero ben consapevoli dell'impegno che avevo preso e che fossero parte attiva del delicato momento che stavamo affrontando, perché per me il loro supporto era fondamentale.

Ovviamente, per me era importante che a loro venisse riconosciuto anche economicamente il sacrificio fatto, così come volevo che fosse chiaro che non davo per scontato quel loro ulteriore impegno a portare avanti l'azienda.

Il rapporto con i miei collaboratori è sempre stato buono e con alcuni di essi va avanti da cinquant'anni. Di molti conosco la storia, la famiglia, le difficoltà affrontate, i momenti felici e quelli meno gioiosi.

Fino ad alcuni anni fa, quando era ancora mia moglie Anna Maria a occuparsi della contabilità, la consegna delle buste paga non era semplicemente il momento in cui si faceva insieme il controllo del conteggio delle ore o delle ferie rimaste. Mia moglie era solita fissare un appuntamento di persona con ogni singolo dipendente e quella che abitualmente in ogni azienda è un'azione puramente formale si trasformava in un'occasione di ascolto, di confronto, che a volte proseguiva anche nei giorni successivi. Ogni persona ha la sua storia e Pro-Gest era come una grande famiglia, aveva accolto giovani e meno giovani, italiani e tanti stranieri, uomini e donne che vedevano in noi la loro fonte di indipendenza. Non esisteva problema che non potesse essere risolto con il dialogo perché insieme riuscivamo sempre a trovare una soluzione.

Alcuni li ho accolti poco più che ragazzini, magari su segnalazione del prete del paese, e li ho accompagnati fino alla pensione. Altri fanno ancora parte del Gruppo Pro-Gest e rappresentano un punto di riferimento importante per me e la mia famiglia, come Giancarlo Giacomin ed Evenio Vanzo.

Evenio ha iniziato a lavorare con noi ancora prima di Giancarlo e, oltre a ricoprire un ruolo primario nella gestione di Plurionda, da sempre si occupa per me di tantissime questioni tecniche, dalla sicurezza agli impianti – oltre a possedere una competenza molto tecnica, essendo perito chimico –, allo sviluppo qualitativo dei nostri prodotti. È un vero pilastro della Pro-Gest. Un lavoratore instancabile che ancora oggi non si tira indietro di fronte a niente, ma soprattutto mi aiuta a rendere possibile anche ciò che sembra impossibile con il suo rassicurante "Ci penso io, Bruno".

Ad altri purtroppo abbiamo detto addio, come a mia sorella Donatella.

E poi ci sono i miei figli, che non sono miei dipendenti, ma a loro ho deciso di dedicare un capitolo a parte.

Una volta un economista ha detto che dietro ogni impresa di successo c'è qualcuno che ha preso una decisione coraggiosa. Io credo che il coraggio rappresenti solo un punto di partenza perché il successo non si costruisce con l'intraprendenza di uno soltanto ma con il contributo e l'impegno di tutti.

E, sì, di decisioni coraggiose nella mia vita di imprenditore ne ho prese tante, ma non l'ho mai fatto a cuor leggero, ho sempre ragionato sui pro e sui contro, valutando con attenzione gli eventuali vantaggi ma soprattutto i possibili rischi.

Ma torniamo indietro e per la precisione agli anni Novanta.

Finalmente il mio socio era stato liquidato e potevo andare avanti nel mio percorso di crescita del gruppo.

Nel 1992 decisi di rilevare Cuboxal, una piccola realtà aziendale nata alla fine degli anni Settanta a Silea, in provincia di Treviso, che all'epoca produceva una ventina di milioni di scatole per pizza. L'azienda era cliente di Plurionda dalla quale acquistava il cartone ondulato per la produzione delle sue scatole. Dopo un periodo di grande crescita si era trovata in difficoltà, faceva fatica a saldare le nostre fatture di vendita ed era alla ricerca di un nuovo slancio, così decidemmo di acquistarla. Con il nostro supporto, l'azienda avrebbe avuto la possibilità di risollevarsi da sorti poco favorevoli e per noi significava una scelta strategica, favorendo l'integrazione della filiera, questa volta a valle, con il prodotto finito. Inoltre, essendo un'azienda che già commerciava con l'estero, ci avrebbe aperto una nuova fetta di mercato a cui ero molto interessato. All'epoca, infatti, il suo fatturato era composto al 70% dai mercati di lingua tedesca – Germania, Austria e Svizzera –, e rappresentava perciò un vero primo sbocco per il Gruppo Pro-Gest sull'estero, perché fino a quel momento i nostri clienti erano stati perlopiù tutti della nostra zona o comunque italiani.

Decisi di affidarne la gestione a mia figlia Benedetta, che aveva da poco festeggiato la maggiore età e iniziato l'università. Le proposi di lavorare al mattino e dedicare il pomeriggio e la sera agli studi. Inizialmente non accolse la mia proposta con grande entusiasmo – dopotutto le stavo chiedendo un sacrificio non da poco e lei era poco più che una bambina – poi, giorno dopo giorno, iniziò ad appassionarsi al lavoro e scelse di lasciare gli studi e dedicarsi esclusivamente a questa nuova divisione del nostro gruppo.

Cuboxal ci ha consentito di uscire dai confini nazionali e ha costituito un segmento importante per la nostra crescita nel mondo del food packaging e take-away.

Oggi quello del packaging dedicato al settore alimentare è in grande espansione, ma trent'anni fa non era così importante. Basti pensare che, grazie a un percorso di crescita costante, Cuboxal è oggi il primo produttore europeo di scatole per pizza con oltre 500 milioni di pezzi venduti ogni anno. Quando rilevai l'azienda, molti guardavano ancora con scetticismo alla produzione di imballaggi alimentari con l'impiego di fibre riciclate che potessero essere innovativi e sostenibili. Dal mio punto di vista, invece, poteva essere sicuramente un comparto vincente. Forse potrò sembrare ripetitivo, ma ho sempre creduto nel cartone, ho sempre pensato che fosse più funzionale rispetto ad altri materiali. Non so se tutti lo sanno, ma oggi il tasso di riciclo dei prodotti in carta e cartone a livello italiano è arrivato all'87%. Sfortunatamente, non tutte le filiere del riciclo sono così virtuose, ad esempio nella filiera della plastica solo circa il 30% del materiale viene riciclato in Italia, molto finisce in discarica o disperso nell'ambiente. Se guardiamo a livello globale, la percentuale scende al 10%. Purtroppo, gli innumerevoli tipi di plastica diversa non possono essere avviati insieme al riciclo, ma vanno separati, rendendo molto difficile e costoso il processo.

Ricordo, invece, di una chiacchierata da bar con un agente di vendita di macchine per la produzione di imballaggi in legno. Cercava di convincermi che il legno fosse il futuro, che il cartone non aveva la stessa resistenza e che per alcuni prodotti, come, ad esempio, la frutta e la verdura, il legno fosse decisamente più adatto. Ovviamente, restai fermo sulla mia posizione, provai a spiegargli i numerosi vantaggi derivati dagli imballaggi in cartone, ma, niente da fare, disse che con quelle idee non sarei andato lontano.

Cuboxal è stato il primo tassello di ciò che è diventato un trend di mercato necessario e di grande successo per il nostro gruppo, che oggi vede circa il 65% degli imballaggi prodotti per il settore del food&beverage e per il suo indotto. In quegli anni, infatti, i distretti produttivi del Veneto stavano delocalizzando le loro produzioni nell'Europa dell'Est o nel Far East e noi non potevamo rimanere a guardare.

L'agente di vendita incontrato al bar, naturalmente, tirava acqua al suo mulino, ma aveva una visione limitata perché proiettava il ragionamento sulle piccole realtà commerciali, come ad esempio i fruttivendoli di paese, che erano soliti esporre la merce all'esterno delle botteghe e, dunque, ritenevano la cassetta di legno più adatta alle loro esigenze.

Io, invece, ho sempre cercato di guardare lontano e, mentre andavo avanti nel mio lavoro, "rosicchiando" una quota di mercato alla volta, osservavo lo sviluppo dei nuovi trend dell'e-commerce e della GDO (Grande Distribuzione Organizzata) ed ero convinto che, di lì a qualche anno, il cartone avrebbe avuto la meglio sul legno e su altri materiali da imballo.

Forse non pensavo che sarebbe stato utile per alcune tipologie di prodotto, eppure oggi il cartone viene utilizzato per imballare e trasportare zucche, patate, cocomeri, kiwi, uva ma anche mono porzioni di ciliegie, fragole e frutti di bosco; persino cibi molto umidi, come i funghi o i piccoli frutti. Ma di strada ce n'è ancora molta da fare, soprattutto nel settore delle carni nel quale imperversa ancora il polistirolo, un composto chimico che si ottiene dal petrolio.

C'è un ulteriore aspetto che in tanti sottovalutano e che invece è fondamentale per la grande distribuzione, ovvero la personalizzazione delle confezioni. Se la cassetta di legno, infatti, consente al massimo di applicare un timbro con il logo del produttore, il cartone invece permette di comunicare un messaggio sulle confezioni, rendendole uniche per chi le usa e riconoscibili per il cliente. Non a caso, qualche anno fa siamo stati tra le prime otto aziende al mondo a installare una macchina per la stampa digitale ad altissima qualità, pensata proprio per una personalizzazione totale del packaging.

Quando si parla di carta e cartone, però, ci sono ancora dei pregiudizi che riguardano l'utilizzo di questi materiali, primo tra tutti il fatto che causano deforestazione. Invece, come dimostrano i dati, sia in Italia sia in Europa le superfici forestali sono aumentate negli ultimi dieci anni. La deforestazione, infatti, non è dovuta alla produzione di questi materiali ma per il 90% da pratiche agricole poco sostenibili. Il cartone riciclato è un materiale sostenibile e innovativo che può aiutarci a contenere, da una parte, la quantità di plastica che utilizziamo e, dall'altra, ridurre il consumo di fonti non rinnovabili del nostro pianeta come petrolio, carbone e gas naturale. Per fortuna, le nuove generazioni se ne stanno occupando molto più di quanto ci abbia pensato la mia e sono felice di aver dato il mio contributo per consegnare ai giovani un mondo migliore.

CAPITOLO 8

L'UOMO CONTROVENTO

Da alcuni anni di fronte all'ingresso della nostra sede centrale storica a Ospedaletto d'Istrana c'è una statua alta circa 3 metri dello scultore trevigiano Carlo Balljana: è raffigurato un uomo avvolto da un mantello con un ombrello in mano che avanza nelle intemperie, piegato controvento. A piegarlo, nella mia immaginazione, più che il cattivo tempo è il peso delle responsabilità, che paradossalmente a volte può rendere la vita più leggera. Così è stato per me quando, nel 1990, finalmente misi un punto alla storia con il mio socio che finalmente potevo considerare "ex" a tutti gli effetti.

Certo, questa storia mi è costata non pochi sacrifici. Sacrifici che però mi hanno permesso di dare inizio alla mia seconda vita. La prima, che mi aveva visto alle prese con l'affitto delle quote di Giovanni, faceva ormai parte del passato.

In quegli anni non avevo mai smesso di guardarmi intorno, ma ora con la gestione completamente nelle mie mani ero nelle condizioni di poter valutare seriamente alcune opportunità offerte dal mercato sulle quali fino ad allora mi ero frenato.

Il gruppo era cresciuto tanto, così come era cresciuta la sua credibilità e, nonostante gli impegni economici derivati dal finanziamento richiesto, qualora si fosse presentata l'occasione giusta, c'era ancora la possibilità di investire. Del resto, chi intendeva vendere era interessato soprattutto a trovare un acquirente che potesse far fronte agli impegni presi.

Tra le varie occasioni che si presentarono, la più interessante fu sicuramente rappresentata dalla cartiera di Carbonera.

Era il 1996 e quella di Carbonera era una cartiera storica, sorta in un'area geografica che vantava un'esperienza secolare nella produzione della carta.

Costruita negli anni Sessanta a Camposampiero, in provincia di Padova, la sua era stata a lungo una gestione famigliare, rimasta poi nelle mani di uno dei tre fratelli Munari, che ne erano i proprietari, perché gli altri due avevano intrapreso strade diverse.

La voce che la cartiera fosse in vendita, in realtà, mi era già arrivata all'orecchio circa otto anni prima e, sebbene mi fossi fatto avanti, poi non se ne era fatto più niente. A quei tempi, dei tre fratelli, solo due erano realmente interessati alla vendita, ovvero quelli che a fine anno erano costretti a rimetterci i soldi per coprire le perdite. L'altro, invece, non voleva rinunciare alla gestione dell'attività, così la mia offerta era caduta nel vuoto.

A distanza di anni però qualcosa era cambiato. E così, quando nel 1996 incontrai l'ex direttore generale di Cartopiave, Morgani, la prima azienda con cui avevo iniziato il mio lavoro per conto terzi, venni a sapere che la cartiera era di nuovo sul mercato. Mi chiese se fossi ancora intenzionato all'acquisto e io risposi di sì. Allo stesso tempo, però, manifestai il mio scetticismo sui reali propositi di vendita da parte dei proprietari. Del resto, già una volta si erano tirati indietro.

Lui mi rassicurò affermando che aveva parlato con i fratelli e che stavolta erano tutti e tre decisi a venderla.

Cartitalia, la prima cartiera del gruppo, ci aveva aiutati a maturare una buona competenza nel settore. Forti di questa esperienza, con Carbonera avremmo potuto incrementare la produzione di materia prima per i nostri ondulatori ma anche per la vendita nel mercato. Inoltre, i tipi di carta che produceva questa nuova cartiera erano più pregiati, il che poteva essere un passo corretto nella direzione che già avevamo preso con gli imballaggi per il settore food&beverage.

Secondo alcune voci, i tre fratelli non volevano che fossi io a comprare la cartiera. Ancora oggi non so se fossero vere oppure no, comunque decisi di rimanere in disparte e di affidare la trattativa a una società di mediazione che, nel giro di poco più di un mese, riuscì a far firmare ai tre fratelli una lettera di intenti.

Definirla "lettera di intenti" forse è riduttivo. Si trattava di un contratto vero e proprio, stando al quale i fratelli si impegnavano a vendere, mentre io non mi impegnavo ad acquistare, ma solo a valutare se sussistessero le condizioni per formalizzare l'acquisto.

Mi ero affidato alle persone giuste.

Fatte le dovute valutazioni, confermai il mio interesse, avanzando però una richiesta: prima di comprare volevo che fosse compiuta la *due diligence*.

Inizialmente i proprietari furono restii a mostrare i documenti privati dell'azienda, ma la società di mediazione sciolse subito ogni dubbio, mettendoli di fronte al fatto compiuto: nel momento in cui avevano firmato la lettera, si erano impegnati a vendere, dunque la verifica dei dati e delle informazioni dell'oggetto della trattativa, la *due diligence* per l'appunto, era un passaggio dovuto, non solo perché mi avrebbe aiutato a quantificare i rischi, ma anche perché avrei avuto tutti gli elementi per negoziare i termini dell'acquisto.

I fratelli Morgani accettarono e al termine dei controlli, che furono compiuti con una certa premura perché entrambe le parti erano intenzionate a chiudere la trattativa in tempi stretti, finalizzai l'acquisto, comprando, oltre alle quote, anche i debiti e i crediti.

Il 1° novembre 1996 entrai in possesso dell'azienda. Quello stesso giorno decisi di indire una riunione con tutti i dipendenti per presentarmi in qualità di nuovo titolare, ma soprattutto per dare qualche indirizzo su ciò che sarebbe stato l'immediato futuro insieme.

La situazione che mi trovai ad affrontare non era delle più semplici poiché l'azienda era molto sindacalizzata. Fare il sindacalista con i vecchi proprietari era facile, perché era sufficiente minacciare uno sciopero per ottenere quanto richiesto. Io, invece, ero di un altro avviso, anche perché per mio carattere e formazione non ero abituato a cedere ai ricatti e, in un certo senso, più si cercava di sfidarmi, più cresceva in me la voglia di andare "controvento" e dimostrare con i fatti che avevo ragione. Devo dire che nelle mie aziende fino ad allora c'era sempre stato dialogo totale con i dipendenti, tanto che nessuno aveva mai sentito la necessità di avere un "interprete" per parlare con la dirigenza, aspetto fondamentale nella gestione moderna, secondo me. I dipendenti si potevano fidare di noi, l'evidenza che stavamo facendo il bene dell'azienda, e quindi anche il loro, era chiara e indiscutibile, anche se questo costava qualche sacrificio. A Carbonera però era necessario ricreare quel rapporto di fiducia che sta alla base del sistema di impresa e far comprendere che l'imprenditore non lavora solo per se stesso.

I primi dissapori nacquero sui giorni di effettiva produzione. Fino a quel momento, la cartiera aveva lavorato meno di 300 giorni all'anno, tenendo ferma troppi giorni la produzione per una fabbrica a ciclo continuo. Questi fermi influivano negativamente sul processo di lavorazione, uccidendo l'efficienza essenziale per una produzione industriale 7 su 7 e, di conseguenza, facendo andare male gli affari. La mia idea, come succedeva a Cartitalia, era di portare i giorni di lavoro a 355, lasciando un margine di dieci giorni circa di fermo da dedicare alla manutenzione delle macchine che avrebbe consentito di raggiungere migliori risultati senza ulteriori costi.

Ancora oggi ricordo i modi e i toni minacciosi con cui i sindacati reagirono al discorso con cui avevo cercato di trasferire loro la necessità fondamentale di cambiare rotta per salvare l'azienda. Mi dissero che, così facendo, non saremmo arrivati da nessuna parte.

Ovviamente, non mi lasciai intimorire. Ribadii il mio punto di vista, che era necessario cambiare sistema e incrementare i giorni di produzione, aggiungendo inoltre che era un mio diritto far lavorare i dipendenti nei giorni previsti dalla legge, aumentando gli addetti necessari per la turnazione e che per me non c'era nient'altro su cui discutere. L'azienda andava male, doveva essere rimessa in sesto.

Forse non tutti sanno che avviare una cartiera e stabilizzare la produzione dopo un fermo può richiedere anche una settimana intera poiché si tratta di una lavorazione a ciclo continuo. Non era quindi ipotizzabile fermare il lavoro in occasione di ogni singola festività e arrivare a 355 giorni era la scelta giusta che ci avrebbe consentito di recuperare le perdite derivate dai continui fermi al processo di produzione.

Il 2 novembre ebbe inizio l'attività sotto la mia gestione.

I sindacati non tardarono a farsi sentire, volevano programmare le ferie per il periodo natalizio. Era un modo per ribadire un potere che non avevo alcuna intenzione di riconoscere, non solo per i toni usati, sempre molto accesi, ma anche per la richiesta di fermate continue che non potevano essere assecondate, soprattutto per un'azienda vicina al fallimento.

Il Natale era alle porte e la loro richiesta era fermarsi anche in occasione della festività dell'Immacolata Concezione, l'8 dicembre. Rifiutai categoricamente, proponendo di fermare il lavoro eccezionalmente nei giorni rossi in calendario, riprendendo poi il 2 gennaio con un nuovo ciclo di lavoro. La mia proposta non piacque ai sindacati che provarono in tutti i modi a mettermi i bastoni tra le ruote.

Decisi, allora, di adottare una nuova strategia, anche questa volta andando "controvento" e scegliendo la strada del dialogo diretto e della trasparenza, indicendo un'assemblea con tutto il personale, sindacato incluso, per spiegare al meglio le mie ragioni. Per l'occasione feci stampare un opuscolo in cui avevo riassunto brevemente la situazione della cartiera.

Esordii dicendo che l'azienda era sull'orlo del fallimento perché, sebbene avesse un patrimonio di 3 miliardi e 500 milioni di lire, tra ferie arretrate e permessi aveva un debito di pari entità con i suoi dipendenti. Continuai ribadendo che era mia intenzione risollevare le sue sorti, ma anche che avevo bisogno della loro fiducia e che soddisfacessero la mia richiesta perché, a mio avviso, era l'unica strada da seguire per garantire la sopravvivenza dell'azienda. Così facendo, ci sarebbe stato lavoro per tutti e un futuro in ripresa. In caso contrario, il mio impegno sarebbe stato portare avanti la cartiera fino alla fine di quell'anno e restituirla nelle loro mani il 1° gennaio successivo. Vantando, appunto, un credito di 3 miliardi e 500 milioni, erano economicamente i proprietari della società e, dunque, avrebbero potuto fare ciò che volevano. Io non avrei perso altro tempo, mi sarei limitato a consegnare le chiavi nelle loro mani.

Se da un lato era mia intenzione rimettere in piedi l'azienda, dall'altro non mi interessava assecondare una lotta che non ci avrebbe condotto da nessuna parte. Avevo sempre lavorato duro per salvaguardare il rapporto con i dipendenti nelle mie aziende e quell'atteggiamento distruttivo, che avevo trovato nella cartiera di Carbonera, non mi poteva trovare d'accordo in alcun modo.

Li invitai a pormi domande, ribadendo che era anche nel mio interesse trovare un punto di incontro nel pieno rispetto del contratto di lavoro. Chiesi loro di comunicarmi nel breve tempo come volevano procedere perché l'unica via da perseguire per annullare le perdite e iniziare a generare profitto era compiere un atto di fiducia nei miei confronti, rimboccarsi le maniche e lavorare tutti insieme per raggiungere lo stesso obiettivo.

Il mio discorso riuscì a fare breccia in buona parte dei dipendenti, tant'è che il sindacato, sentendosi messo da parte, preferì lasciare l'assemblea.

Mi rivolsi alle persone che sembravano più disponibili, rincarando la dose. Dissi loro che potevamo scegliere un termine entro il quale valutare insieme se questo cambio di rotta avesse portato o meno dei risultati e se le mie previsioni avessero trovato riscontro nella realtà. Qualora non fosse stato così, avrei ascoltato le loro ragioni.

Avevo indetto l'assemblea in un ristorante poco distante dalla cartiera e, finita la chiacchierata, invitai tutti a pranzo. Fu quello il momento delle domande, delle richieste di rassicurazioni e di certezze che però, in tutta sincerità, non potevo dare. Se da un lato, forte delle precedenti esperienze, ero certo che sarei riuscito a far crescere l'azienda e a incrementare il fatturato, dall'altro ne ero entrato in possesso da troppo poco tempo, le acque erano ancora molto burrascose e non ero ancora in grado di valutare fino in fondo la qualità del prodotto e le sue effettive potenzialità.

In realtà, un'idea ce l'avevo, perché in passato mi era capitato di acquistare la carta lavorata da Carbonera, ma il prodotto era sempre risultato scadente. Per quante prove facessimo, infatti, una volta lavorata, la carta non aveva resistenza e, nel momento in cui si formava il foglio, il cartone prodotto si rompeva o si piegava male.

C'era un'azienda da risistemare e un prodotto poco performante da rivalutare e, se da una parte volevo trasmettere sicurezza, dall'altra ero consapevole che il lavoro da fare era tantissimo e avrebbe richiesto un grande impegno.

Dalla mia però avevo l'esperienza di Mesola, la cartiera che avevamo acquistato in condizioni anche peggiori, ma che nel giro di cinque anni con tanto impegno aveva ripreso nel mercato la posizione che meritava. Sottolineavo l'importanza di rendere il nostro processo a ciclo continuo perché lavorare in continuità è la prima chiave per portare a casa un prodotto omogeneo, ma soprattutto di una qualità superiore.

Cercavo di tranquillizzarli, sebbene in cuor mio non avessi la certezza matematica di ciò che sarebbe accaduto nei mesi a venire, di rassicurarli che il peggio sarebbe passato e che quell'ombrello piegato alla fine ci avrebbe protetti dalla tempesta. Del resto, il futuro è sempre ignoto e l'unica cosa che potevo fare era infondere fiducia e garantire il mio impegno per raggiungere gli obiettivi prefissati.

Sembrava che il mio discorso avesse sortito gli effetti desiderati.

Anno nuovo, vita nuova. Il 2 gennaio 1997 ripartimmo con nuove basi.

Come primo passo eseguimmo una pulizia generale della materia prima. La qualità della carta che producevano era scadente perché tale era la materia prima che veniva riciclata. I vecchi proprietari avevano acquistato 10.000 quintali di carta da macero americana che avevano pagato un miliardo di lire, ma valeva al massimo 50 milioni. Un acquisto errato che avevo provato a recuperare in ogni modo, fino a quando mi dovetti arrendere all'evidenza, buttando via quel materiale scadente e ripartendo con della materia prima nuova.

La pulizia non era un'impresa da poco, trattandosi di una superficie di 100.000 metri quadrati. Inoltre, i due operai che fino a quel momento si erano occupati della gestione del piazzale e del controllo del prodotto contenuto nei camion non erano in grado di distinguere un pezzo di carta da un pezzo di nylon, né tantomeno una scatola vecchia di banane da una scatola di biscotti.

Perché faccio proprio questo esempio? Perché la prima solitamente è prodotta con una carta molto pregiata, con alto contenuto di fibre, essenziali nel nuovo ciclo di vita della carta riciclata, mentre la seconda, il cartone per trasportare i biscotti, è prodotto con carta di qualità molto inferiore. La distanza che deve percorrere e il peso che deve portare sono sempre temi molto importanti quando si parla di imballaggi perché più lontano deve viaggiare il prodotto e più pesante è, più solitamente la scatola è robusta e quindi contiene materiale pregiato e indispensabile nella ricetta per produrre carta nuova. È proprio così che funziona, per fare la carta c'è una ricetta, esattamente come per preparare una torta, serve la fibra lunga che proviene dalle piante delle conifere, per conferire qualità meccaniche di resistenza, e quella corta che proviene dalle latifoglie, che conferisce malleabilità nelle lavorazioni. Tutte queste fibre si trovano in quantità diverse a seconda della carta da macero da cui si parte, ecco perché la scatola di banane vale certamente di più nel processo di riciclo.

Decisi quindi di licenziare uno dei due magazzinieri, confermando quello che sembrava essere più attento. Dopo poco più di un mese, però, anche il secondo addetto andò via, sostenendo che il lavoro da gestire era troppo.

Vorrei poter dire che la cosa mi arrecò dispiacere, ma in realtà mi sentii sollevato. Il lavoro del piazzale fu diviso tra me e Giancarlo Giacomin.

Al mattino Giancarlo si recava a Camposampiero. Io arrivavo nel pomeriggio per dargli il cambio e consentirgli di andare in Cartitalia per continuare tutto il resto dei lavori avviati lì.

Il controllo dei materiali a Carbonera era compito mio, i "cartacciai" (che altro non sono che i commerciati di carta da macero) sono bravi fornitori, ma per l'appunto sono dei commercianti e, quindi, a volte tendono a fare i loro interessi. Di tanto in tanto non proponevano materiali di prima qualità e qualcuno aveva anche il vizietto di bagnare un po' le "balle" di carta vecchia per far in modo che pesassero di più al momento del ritiro, ma avevamo imparato a fare i nostri controlli e a supervisionare il materiale con precisione.

La nuova modalità di lavoro e l'impegno in prima persona mio e di Giancarlo ci aiutò a raggiungere i risultati sperati velocemente: dopo i primi sei mesi di lavoro, iniziammo a vedere un prodotto di qualità più alta. Sembrava che anche i nostri clienti se ne fossero accorti perché rinnovavano i loro ordini.

Del resto, avevamo deciso di testare per primi il nostro prodotto, così da renderci subito conto dei problemi e poterli risolvere. La cartiera di Carbonera era, infatti, diventata il primo fornitore di Plurionda, uno dei nostri maggiori stabilimenti per la produzione di cartone ondulato. Questo è uno dei vantaggi della filiera integrata: puoi testare un prodotto al tuo interno, per risultare poi più consapevole della carta che proponi ai clienti.

Giorno dopo giorno, il risultato era sempre migliore ed era ottenuto anche grazie agli investimenti effettuati nell'acquisto di macchine per il filtraggio e la pulizia dell'impasto, per la materia prima più pulita che usavamo e, soprattutto, per la nuova cultura d'impresa che a poco a poco stavamo installando nel modo di lavorare.

Ero riuscito a mantenere la promessa e a raggiungere i risultati ipotizzati durante la prima assemblea con i dipendenti che ora, nonostante i sacrifici che stavano compiendo, erano orgogliosi di lavorare per un'azienda di successo, i cui prodotti erano universalmente riconosciuti di qualità.

Avevamo guadagnato 11 miliardi e l'anno successivo, nel 1998, impiegammo tutta quella cifra per rimodernare gli impianti produttivi pezzo dopo pezzo e investire in nuove tecnologie di stoccaggio e movimentazione che negli anni a venire ci hanno permesso di raggiungere risultati sempre eccellenti.

Così come era già accaduto con la cartiera di Mesola, anche in questo caso l'impegno mio e di Giancarlo fu assoluto. Eravamo sempre lì, pronti a dare una mano e a essere di supporto in caso di necessità, sabato, domenica, Natale e Pasqua, e questo coinvolgimento in prima persona ci aiutò ad acquisire la fiducia di tutto il personale. Questo aspetto, dal punto di vista umano, è stato un grande tratto distintivo del mio essere imprenditore: dare sempre l'esempio.

Il 1998 fu anche l'anno in cui decisi di acquistare altre due cartiere di un unico proprietario: la cartiera di Tolentino nelle Marche e quella di San Giuliano in Toscana.

San Giuliano ebbe vita breve, la macchina non era competitiva, c'erano troppi ammodernamenti da fare e dopo pochi anni presi la decisione di dismetterla.

Puntai invece sulla cartiera di Tolentino, una storica cartiera in provincia di Macerata intorno alla quale è cresciuto il paese che porta lo stesso nome. Investimmo molto negli impianti, sul potenziamento produttivo e sul miglioramento della qualità del prodotto che al momento dell'acquisto era forse più scadente di quello di Cartitalia.

Tolentino era una cartiera che faceva carta *entry level*, la più bassa nella scala delle carte, usata come strato nell'onda del cartone. Era impossibile venderla a un prezzo che potesse essere per noi remunerativo. Sebbene i presupposti non fossero i migliori, anche in quel caso ci rimboccammo le maniche e passammo dalla produzione di una carta *fluting* a una carta *medium* (carta sempre da onda ma dalle performance migliori), per poi aggiungere anche il *testliner*, avana e bianco, ovvero una carta riciclata da copertina per gli imballaggi tradizionali.

La formula era sempre la stessa: lavoro a ciclo continuo, inclusi il sabato e la domenica, potenziamento tecnologico degli impianti produttivo, controllo della materia prima in entrata.

Fino al momento dell'acquisizione, a Tolentino arrivava macero da un solo fornitore che, ben consapevole della sua posizione, era solito fare il bello e il cattivo tempo, applicando dei prezzi a nostro avviso spropositati, soprattutto in virtù di quelli che eravamo abituati a sostenere con le altre aziende del gruppo.

Con Giacomin decidemmo di incontrare di persona il fornitore e contrattare. Non volle sentire ragioni, non aveva alcuna intenzione di abbassare il prezzo che si aggirava tra i 120-130 euro a tonnellata rispetto agli 80-90 euro che eravamo abituati a spendere per la materia prima che compravamo per Carbonera e Cartitalia.

Anche in questo caso, rimasi fermo sulle mie posizioni e continuai ad andare per la mia strada. Decisi di sospendere la fornitura e acquistare la carta da macero dai miei fornitori del Nord-Italia e destinare al trasporto i soldi risparmiati sul prezzo. Non era una soluzione che avremmo potuto praticare a lungo, ma dimostrò al fornitore di Tolentino che facevamo sul serio e lo spinse, nel timore di perdere il cliente, a venirci incontro abbassando i costi.

Il prezzo proposto era comunque più alto, ma accettammo il compromesso, iniziando a cercare nuovi fornitori nei dintorni. Arrivammo prima a Roma, poi a Napoli, dove il macero costava meno ma era molto sporco. Ancora, quello sul prezzo non rappresentava per noi un reale risparmio e ci spingemmo fino in Puglia.

Nel giro di un anno, con prove e ricerche, portammo a casa non solo una carta migliore di quella venduta dal fornitore storico di Tolentino, ma soprattutto un prezzo per noi ragionevole, che ci consentì di vedere un immediato miglioramento dei risultati aziendali.

In quel periodo nacque l'esigenza, per me e Giancarlo, di essere molto più mobili sul territorio italiano e per poterlo fare acquistai un elicottero che ci permetteva di effettuare gli spostamenti di lavoro in molto meno tempo. Avevamo trovato personale molto valido a Tolentino e un capofabbrica di grande esperienza che si chiamava Novello e possedeva delle grandissime qualità. Era un uomo bravo e dedito al lavoro, una persona onesta e concreta in fabbrica e con i dipendenti, e a pranzo ci portava a mangiare il pesce in posti strepitosi.

Ciao, Novello. Ovunque tu sia, grazie anche a te per tutto ciò che hai fatto per la nostra Pro-Gest.

CAPITOLO 9

LO SBARCO IN TRENTINO E IN TOSCANA

Mentre ripercorro la mia vita tra le pagine di questo libro, comprendo nel profondo quanto il sostegno della mia famiglia e quello dei miei collaboratori sia stato fondamentale per superare i tanti momenti difficili che abbiamo dovuto affrontare. E sono convinto che in quel "abbiamo" sia custodita ancora oggi la mia ricchezza più grande.

Se gli anni Novanta sono stati per il Gruppo Pro-Gest un momento di grande crescita, gli investimenti fatti nel nuovo millennio hanno rappresentato un ulteriore punto di svolta per quella che oggi è considerata la più grande filiera integrata in Italia nel riciclo della carta.

Nel 2004 decidemmo di acquisire Bergapack a Riese Pio X, una piccola azienda specializzata in imballaggi pesanti e di grandi dimensioni. Un'integrazione che ci rese ancora più protagonisti a fianco della manifattura veneta.

Fu nell'anno successivo però, nel 2005, che si presentò l'occasione di rilevare un impianto storico e di grande prestigio per la produzione della carta: la cartiera di Villa Lagarina, in provincia di Trento.

Quella di Villa Lagarina è una storia molto complessa. Dalla sua costituzione, la cartiera aveva affrontato diversi alti e bassi, cambi di proprietà, passando anche per un fallimento. Uno dei suoi punti di forza era la posizione strategica, alle porte del Centro Europa, proiettata dunque verso i mercati esteri; così, quando seppi da un agente di commercio con cui lavoravo per la fornitura della cellulosa che lo stabilimento era in vendita, mi sembrò opportuno valutarne l'acquisto.

Alla fine degli anni Novanta la multinazionale SCA Packaging aveva deciso di acquistare un blocco di aziende da un imprenditore toscano. Tra queste aziende, c'era anche la cartiera di Villa Lagarina. A distanza di cinque anni dall'investimento, però, la multinazionale aveva deciso di dismettere questo polo produttivo italiano. Lo aveva quindi rivenduto al vecchio proprietario, cedendo però solo le aziende che si trovavano in Toscana ed escludendo dalla vendita l'impianto trentino.

Sebbene la SCA fosse un colosso nella produzione della carta, lo stabilimento versava in pessime condizioni, sia in termini strutturali sia di produzione. Al suo interno però custodiva quella che per dimensioni era la più grande macchina per la carta riciclata d'Italia e tre impianti per la produzione di carta *tissue*.

La macchina per la carta riciclata era molto vecchia, quasi in stato di abbandono, e le altre tre giravano con livelli di produttività tutt'altro che soddisfacenti. Lo stabilimento era suddiviso in due segmenti: il primo dedicato alla carta da packaging era in dismissione, tant'è che era già stato avviato il processo per la cassa integrazione in previsione del licenziamento di tutto il personale impiegato in questo settore; il secondo era dedicato alla carta *tissue*, le cui sorti erano ancora incerte.

Decisi di iniziare una trattativa per Cartiere Villa Lagarina e il 1° maggio di quello stesso anno, complice il giorno di festa, approfittai di una gita in automobile per andare a vedere dall'esterno l'azienda e farmi un'idea della struttura.

Mi convinsi che lo stabilimento avesse grandi potenzialità e nei giorni a seguire fissai un appuntamento con il dirigente italiano per valutare i termini di un eventuale acquisto.

L'obiettivo della multinazionale, che aveva sedi anche in Spagna, Francia, Germania, Belgio, era chiudere la parentesi italiana perché i risultati raggiunti non erano soddisfacenti come quelli degli altri Paesi. Volevano vendere tutto, sia la macchina per la carta riciclata sia quelle per il *tissue*, dunque iniziammo a confrontarci su come gestire il passaggio dell'azienda e sulla possibilità di bloccare il processo di cassa integrazione e chiusura del comparto dedicato al packaging.

Trovammo un accordo, ma si presentò lo scoglio più alto: il prezzo. La cifra chiesta inizialmente, a nostro avviso, era troppo onerosa, così iniziammo a contrattare, chiedendo un confronto anche con i vertici aziendali esteri. Dopo diversi scambi di e-mail e proposte, riuscimmo a ottenere una riduzione sul valore di acquisto, avvicinandoci alla nostra idea iniziale di investimento.

Eravamo interessati a chiudere la trattativa, pertanto proponemmo un pagamento a rate con un anticipo sostanzioso da versare al momento del rogito. La SCA non era della stessa idea, voleva che il pagamento fosse versato in un'unica soluzione per dismettere velocemente la sede italiana. Portammo avanti la trattativa, arrivando a concordare un pagamento in due tranche, a fronte di una garanzia ragionevole.

Il 1° agosto 2005 entrammo in possesso della cartiera. I giorni successivi li dedicammo agli inventari e il 4 agosto iniziammo a lavorare. La situazione in cui versava l'azienda era a dir poco sconfortante. Durante i miei precedenti sopralluoghi avevo percepito un certo stato di abbandono, ma, ahimè, non avevo intuito la reale entità della situazione a cui stavamo andando incontro. Il sito produttivo aveva bisogno anche di una rivalutazione urbana, essendo ubicato in pieno centro del paese. Con il tempo e la collaborazione delle istituzioni, abbiamo pensato anche a quello. Ho ripetuto a me stesso: "Mai paura, avanti sempre", un motto che mi accompagna da sempre, e ci siamo rimboccati le maniche.

La nostra priorità era rendere efficiente e tecnologicamente adeguata ai tempi la macchina per la carta riciclata, proprio quella di cui la multinazionale voleva liberarsi. Il primo passo, quindi, fu lavorare a un preventivo per il suo ammodernamento.

Inizialmente valutammo che l'investimento avrebbe potuto consistere in circa 40 milioni di euro, cifra con la quale l'impianto produttivo sarebbe potuto tornare competitivo nel mercato. Si trattava pur sempre della macchina più grande d'Italia e il suo *revamping* ci avrebbe portato enormi vantaggi.

Nel frattempo, avevamo deciso di mantenere attive le tre macchine di *tissue*, la cui produzione si andava ad aggiungere a quella della macchina di Carbonera.

Ritrovarci con questo notevole volume di carta *tissue* rappresentò inizialmente un problema. Per noi questo era un mercato quasi inesplorato, dunque, nell'attesa di trovare nuovi clienti, preferimmo sottoscrivere un accordo con la SCA e per i primi sei mesi ci limitammo a vendere a loro il 30-40% della carta che producevamo.

Questo accordo era stato uno dei motivi che in trattativa ci aveva consentito di ottenere una riduzione sul prezzo perché, se da una parte stavamo comprando un'azienda nella sua interezza, dall'altra ci saremmo dovuti impegnare a cercare dei clienti che fossero interessati ad acquistare metà della sua produzione.

Nel frattempo, l'attività di ammodernamento proseguiva con non poche difficoltà. La macchina del riciclato era lunga circa 300 metri e per ogni intervento realizzato su un tratto, si presentava la necessità di farne subito altri. Così, valutammo che l'unica soluzione possibile fosse dividere il *revamping* in tre momenti diversi.

Agli inizi del 2006 demmo il via alla prima parte dell'ammodernamento, la seconda parte fu avviata nei primi mesi del 2007 e la terza nell'agosto del 2008, in concomitanza del periodo di ferie estive.

La macchina ovviamente non smise mai di rimanere in funzione, una parte del riciclato che produceva lo vendevamo ai clienti già fidelizzati, una parte la utilizzavamo noi nei nostri ondulatori del gruppo, ottimizzando così la produzione.

Anche le macchine per la produzione di carta igienica, tovaglioli e asciugatutto erano fonte di alcuni problemi. Non mancava giorno in cui un intoppo non ci mettesse nelle condizioni di dover fermare la produzione, a volte anche per settimane intere.

Decidemmo allora di dismettere parte del *tissue*, vendendo una delle macchine a un'azienda del Far East e investimmo le nostre forze sull'ammodernamento dei due impianti rimasti: uno più nuovo e l'altro più datato, causa di molti più problemi. L'intervento sulle due macchine rimaste non tardò a dare i suoi frutti, ma la situazione dell'azienda nella sua totalità era impegnativa perché il *revamping*, da un preventivo di 40, era arrivato prima a 80 milioni di euro e, a seguire, a 120, mettendo a rischio le sorti dell'intero gruppo.

L'ammodernamento della macchina era stato avviato con finanziamenti bancari a breve termine e, dunque, potenzialmente revocabili in qualsiasi momento. Era importante che mantenessimo alte la redditività e le performance dell'azienda perché, se le banche avessero percepito un momento di criticità, avrebbero potuto decidere di revocare il fido, facendoci ritrovare in una situazione più preoccupante di quella già in essere. Inoltre, la situazione del mercato tra il 2006 e il 2007 non era particolarmente florida.

Erano i primi anni di quella che è passata alla storia come la grande recessione. Una crisi iniziata con lo scoppio della bolla immobiliare che aveva messo in ginocchio l'economia americana e proseguita con l'aumento dei costi delle materie prime, con il crollo delle Borse e il fallimento della Lehman Brothers, società di servizi a livello globale, le cui ripercussioni si riversarono sulla produzione industriale europea e, dunque, anche su di noi.

Come sempre, portavamo avanti il nostro lavoro, ma i risultati raggiunti non erano adeguati al sacrificio compiuto e non ci rendevano economicamente giustizia.

Durante i primi mesi del 2008 decisi di indire una riunione con Giancarlo e mio figlio Francesco che, dopo aver conseguito la laurea nel 2006, si era trasferito a Villa Lagarina e aveva iniziato la sua gavetta proprio nello stabilimento trentino, impegnandosi in prima persona nel progetto. Non c'era molto da dire: o trovavamo una soluzione o rischiavamo di dover chiudere lo stabilimento. Una strada percorribile era venderlo e rientrare almeno in parte dei soldi spesi, così da rimettere in equilibrio una situazione che era diventata pericolosamente precaria.

Non so se fu la paura a darci un nuovo stimolo, ma, grazie al nostro impegno e ad alcune dinamiche, tra marzo e aprile la nostra situazione negativa si ridimensionò e nei mesi a seguire iniziammo a vedere qualche spiraglio di miglioramento.

Avevamo portato a termine i primi due step del *revamping* della macchina del riciclato. Certo, mancava ancora il terzo e ultimo passaggio, ma le migliorie apportate avevano influenzato positivamente la produzione e finalmente iniziavamo a raccogliere qualche frutto commerciale.

Nel frattempo, avevamo deciso di vendere anche una seconda macchina per il *tissue*, la più vecchia, concentrando le nostre forze sull'ammodernamento di quella più nuova, che era stata spostata in un altro capannone per ottimizzare la logistica e la produzione stessa. Spostare una macchina non è un'operazione semplice, anzi è decisamente sconsigliato, oltre a essere particolarmente oneroso. Questa "idea", infatti, costò poco più di un milione di euro e rischiò di non portare grandi risultati.

La dismissione del secondo impianto aveva fatto arrivare nelle casse dell'azienda circa 3 milioni di euro, una cifra irrisoria rispetto a quanto avevamo investito fino a quel momento, ma, ahimè, certe volte bisogna prendere delle decisioni drastiche e difficili.

Il risparmio vero derivò dalla gestione dei costi: quando nel 2005 eravamo entrati in possesso della cartiera, lo stabilimento contava circa 230 operai. Considerando le dismissioni di alcune linee, ottimizzando la produzione e con i vari investimenti di ammodernamento della macchina continua per la carta riciclata da packaging, il personale era stato ridotto a ottanta addetti, ma i volumi di carta lavorata erano aumentati. Inoltre, eravamo riusciti a ritagliarci una fetta di mercato e fidelizzare nuovi clienti; dunque, dopo quasi tre anni di sacrifici, finalmente iniziavamo a vedere un po' di luce e provare una nuova fiducia nei confronti dell'investimento fatto.

Devo essere onesto, sebbene non siano mancati momenti di grande sconforto, in cuor mio non ho mai messo in discussione la scelta di acquistare la cartiera. Forse, però, avrei fatto scelte diverse: Villa Lagarina era l'impianto più grande, più moderno e con la tecnologia più avanzata d'Italia e nemmeno il suo costruttore, la costola italiana della SCA, aveva sufficienti esperienze per portare avanti il lavoro di ammodernamento. Il nostro era un progetto ambizioso e in parte per la nostra inesperienza, in parte per alcuni errori fatti, il lavoro che abbiamo affrontato è stato molto più faticoso di quello che ci aspettavamo. Probabilmente avremmo potuto programmare il *revamping* in un'unica soluzione, ma come si dice, con il senno di poi sono bravi tutti. Tirando le somme, è andata bene così.

L'inizio dell'ultima fase di ammodernamento era programmato per il mese di agosto del 2008. Iniziammo a marzo e alla fine dei lavori saremmo riusciti a ripartire con una velocità e una qualità di prodotto che avrebbero garantito all'azienda un'offerta decisamente all'avanguardia. Per tre anni avevamo lavorato ininterrottamente giorno e notte, sabati e domeniche, ma finalmente l'aria era cambiata e anche la situazione del mercato iniziava a migliorare.

Nonostante i risultati raggiunti ci facessero ben sperare, eravamo comunque ancora lontani dagli standard paventati dai costruttori al momento dell'acquisto. Il venditore della macchina continua era un'azienda italiana dipendente dalla capogruppo tedesca e, quando la multinazionale aveva iniziato il processo di dismissione della costola italiana, un po' alla volta erano venute meno le professionalità di cui avevamo bisogno per far partire bene le macchine e supportarci nel processo di avviamento e manutenzione. Molti dei problemi incontrati derivavano dal fatto che i tecnici che nel corso dei mesi si erano alternati non erano riusciti a fornirci il giusto aiuto, non c'era continuità e mancavano importanti pezzi di ricambio; le performance erano migliorate, la qualità del prodotto anche, ma i risultati erano ancora al di sotto di quasi il 30% di quelli programmati. Ci sembrava di avere un cappio stretto al collo che da un momento all'altro avrebbe potuto soffocarci.

Agli inizi di dicembre prendemmo una decisione audace e comunicammo al fornitore di voler recedere dal contratto di assistenza. La sede italiana era stata quasi completamente dismessa e ai vertici era stato mandato un direttore tedesco al quale dicemmo chiaramente che avremmo continuato a prendere i pezzi di ricambio da loro e che saremmo stati ben felici di qualsiasi tipo di assistenza fossero stati intenzionati a fornirci, ma che da quel momento in poi avremmo gestito la macchina a modo nostro. Ovviamente, non era stata una decisione presa a cuor leggero; nei mesi precedenti avevamo focalizzato la nostra attenzione su quelli che, a nostro avviso, erano i principali difetti e avevamo valutato le officine della zona che avrebbero potuto supportarci nei lavori di manutenzione. Per i pezzi di ricambio, invece, non avevamo molta scelta, perché trovarli altrove sarebbe stato quasi impossibile. Devo essere onesto, il nuovo direttore fu molto comprensivo. Oltre ai pezzi di ricambio, mandò in nostro aiuto due tecnici che, a seguito di un sopralluogo durato circa tre settimane, ci fecero capire che la situazione in cui versava la macchina non era delle migliori e che sarebbero stati necessari importanti interventi di manutenzione per risolvere le anomalie presenti. Interventi che sarebbero stati, ancora una volta, economicamente onerosi e che avrebbero comportato anche diversi momenti di fermo del lavoro dell'azienda, ma che allo stesso tempo avrebbero portato la macchina a raggiungere importarti performance. Immaginate che shock sentirsi dire una cosa del genere dopo tre anni di lavoro e tutti i soldi spesi.

Terminato il sopralluogo, decidemmo di fissare un incontro con il direttore tedesco. Eravamo convinti della nostra decisione, ci saremmo occupati personalmente dei lavori di manutenzione, ma eravamo comunque intenzionati a comprare da loro i pezzi di ricambio. Per loro andava bene, ma a fronte di un pagamento anticipato.

La richiesta non era immotivata. Nei mesi che ci avevano visto in balia dei loro tecnici e di una manutenzione a singhiozzo, avevamo deciso di trattenere alcuni pagamenti in corso come tutela della situazione in cui ci avevano messo.

Avevamo un residuo da saldare di circa 27 milioni di euro e al momento della contrattazione evidenziammo che non avremmo posto obiezioni rispetto al pagamento anticipato dei prezzi di ricambio, ma che a nostro avviso i 30 milioni scarsi dovuti non erano sufficienti a coprire i costi e il tempo impiegato nel *revamping* della macchina, il cui stato non corrispondeva a quello prospettato al momento dell'acquisto. E poiché molti dei rallentamenti erano stati generati da un'assistenza molto discutibile, dissi che il danno subito era quantificabile in 50 milioni di euro e che non solo non ero intenzionato a pagarne 27, ma che mi aspettavo che ci rimborsassero la differenza.

Ovviamente, il direttore non fu d'accordo, ma nel corso del nostro incontro avevo capito una cosa: al momento la divisione italiana rappresentava per loro solo un problema, non avevano alcun interesse che andasse avanti e avevano urgenza di dismetterla. Avevano ridimensionato il personale, licenziando quasi tutti e mantenendo solo un supporto tecnico, composto da quattro disegnatori e un paio di tecnici.

Forte di questa nuova consapevolezza, portai su un altro piano la contrattazione: ero disposto a fare un passo indietro sulla richiesta di 50 milioni, limitandola a 10, in cambio della loro rinuncia ai 27 milioni, come concorso per i danni subiti.

Mi risposero che al massimo potevano "scontare" il saldo in loro favore di 10 milioni, pretendendo il pagamento di 17. Era la loro ultima offerta per chiudere definitivamente la partita.

Le contrattazioni proseguivano di pari passo con i lavori di manutenzione della macchina gestiti interamente da noi, sotto la supervisione di un loro tecnico che, passo dopo passo, ci seguiva progettando i vari passaggi. Dopo un ulteriore fermo delle macchine di quasi due mesi, fissammo un nuovo appuntamento per chiudere le contrattazioni. Con molta fatica riuscimmo a far valere le nostre ragioni e a chiudere la negoziazione con un nostro pagamento a saldo e stralcio di 10 milioni di euro, risparmiandone 17.

Chiuse le contrattazioni andammo avanti con i lavori, pagando in anticipo i prezzi di ricambio. Il supporto del loro tecnico era stato fondamentale, pertanto ogni giorno vedevamo aumentare la velocità della macchina e crescere la qualità della carta.

C'era però ancora un importante problema da risolvere, la ribobinatrice, ossia la parte finale della macchina continua che ha il compito di svolgere la bobina cosiddetta "madre" e riavvolgere la carta prodotta, tagliandola in base alle dimensioni richieste dal cliente. Ce ne avevano fornita una prodotta in Brasile, ma le sue performance non erano delle migliori. La produzione della carta si era velocizzata e la ribobinatrice non riusciva a star dietro ai suoi tempi, dunque circa ogni dieci ore la macchina doveva fermarsi per altre tre per dare modo alla ribobina di mettersi in pari e ripartire. Inaccettabile.

Queste continue interruzioni rappresentavano per noi un enorme danno. Decidemmo, allora, di affidarci a un tecnico meccanico licenziato dalla multinazionale che conosceva bene la nostra macchina. Un uomo di grande esperienza che non aveva timore di sporcarsi le mani.

Grazie alla sua consulenza, riuscimmo gradualmente a ridurre i tempi di fermata e, quando la ribobina riprese il suo ritmo, allineandosi ai tempi della macchina, raggiungemmo un lavoro continuativo e costante.

Giorno dopo giorno, intervento dopo intervento, non solo stabilizzammo il nostro lavoro, ma riuscimmo a realizzare un prodotto eccellente che ci permise finalmente di offrire al mercato italiano ed estero una carta all'altezza di quella che proveniva dalle cartiere straniere tecnologicamente più avanzate.

Quello sulla macchina continua di Villa Lagarina fu forse il primo investimento così importante avvenuto nel settore della carta in Italia negli ultimi quaranta-cinquant'anni.

A quel tempo, commercialmente parlando, eravamo entrati nel mercato in punta di piedi perché le nostre performance e la qualità dei materiali prodotti non ci convincevano ancora al 100%. Una volta messa a punto la carta, nel secondo semestre del 2009, forti dei risultati raggiunti, decidemmo di uscire sul mercato con una carta da 100 grammi, un prodotto molto competitivo rispetto a quello delle altre cartiere italiane che prevalentemente producevano carta a 115-120 grammi al metro quadrato.

Gli ondulatori che producono cartone per fare il packaging, infatti, comprano a peso e vendono al metro quadrato. Acquistando, ad esempio, una carta da 120 grammi a un prezzo di 500 euro a tonnellata, riescono a sviluppare circa 10.000 metri quadrati di cartone. La mia carta da 100 grammi veniva acquistata a 530 euro a tonnellata, ma da questa carta si potevano sviluppare circa 13.000 metri quadrati di cartone, a fronte così di un guadagno maggiore.

La mia carta, dunque, non solo era più leggera, pur mantenendo le stesse performance, ma dallo stesso peso consentiva di produrre più metri quadrati. Era quella che in quegli anni arrivava prevalentemente dall'estero.

Tra la fine del 2009 e gli inizi del 2010 le aziende estere erano sature di lavoro e non erano interessate al mercato italiano. Pertanto, quando ci immettemmo sul mercato con una grammatura bassa simile a quella offerta fino a quel momento solo ed esclusivamente da cartiere straniere, gli ondulatori italiani decisero di provare la nostra carta e, nel giro di poco tempo, fummo in grado di conquistare la fiducia di nuovi clienti.

Forti di questo nuovo slancio, decidemmo di far girare la macchina al massimo della potenza, così da incrementare l'efficienza e, sebbene diversi clienti ci invitassero ad abbassare i prezzi – perché, a loro avviso, a differenza delle aziende tedesche, francesi o spagnole, non dovevamo sostenere ingenti costi di trasporto –, scegliemmo di non ridurli, applicando tuttavia delle promozioni su ordini di grossi quantitativi per massimizzare il vantaggio di questa innovazione di prodotto.

Finalmente, dopo un periodo di grande difficoltà, Villa Lagarina cominciava a raccogliere qualche risultato. Abbassare i prezzi avrebbe rallentato ulteriormente il processo di recupero degli investimenti fatti.

Andammo avanti in questo modo per tutto il 2011 e, nel frattempo, riducemmo ulteriormente la grammatura della carta, portandola a 90 grammi e migliorando ancora il vantaggio competitivo per i nostri clienti.

Il mercato della carta è ciclico e anche nei momenti in cui subivamo delle flessioni importanti di volumi e in qualche mese si faticava a riempire i turni, riuscivamo comunque a mantenere alti i nostri standard e i nostri risultati rispetto alle altre cartiere europee che erano presenti sul mercato da molto prima di noi.

Il lavoro di Villa Lagarina procedeva a pieno ritmo, tant'è che la produzione di carta era superiore a quella che riuscivamo a consumare nei nostri ondulatori. Era necessario trovare nuovi sbocchi a valle, destinando una percentuale della nostra produzione a clienti esterni; dunque, era fondamentale individuare nuovi interlocutori a cui rivolgere la nostra offerta.

Eravamo nel 2014 e il destino bussò alla mia porta e mi condusse in Toscana a valutare la situazione di due impianti storici: Ondulati Giusti e Cartonificio Fiorentino.

Ondulati Giusti era il primo e più grande stabilimento italiano per la produzione di foglio di cartone ondulato per gli scatolifici indipendenti, mentre Cartonificio Fiorentino era uno dei tre stabilimenti in Italia a produrre cartone e imballaggi in ondulato a tre onde, una vera eccellenza.

Le due società erano in mano a due soci e lavoravamo insieme da oltre un decennio, e per noi si trattava di un cliente che fatturava dai 3 ai 4 milioni di euro al mese e che aveva sempre fatto onore alle scadenze. Un'azienda solida, almeno all'apparenza, tant'è che, quando uno dei due proprietari, nello specifico il socio di minoranza con il quale abitualmente intrattenevo i rapporti commerciali, mi invitò a raggiungerlo in Toscana per parlare di alcuni affari, pensai che volesse propormi un nuovo business o magari incrementare il volume dei loro abituali ordini.

Alcune settimane dopo mi chiese se fossi interessato a entrare in società in Ondulati Giusti. La sua offerta mi lusingò, ma soprattutto andò subito ad affiancarsi nella mia testa a quel bisogno di Villa Lagarina di ampliare la sua clientela. Ondulati Giusti consumava circa 25 milioni di euro di carta al mese e, se fossi entrato in società, avrei potuto impormi e chiedere di portare i nostri ordini tra i 7 e gli 8 milioni, comprando la restante parte dai loro fornitori abituali. La proposta era allettante, ma doveva essere ben ponderata. Se da un lato entrare in società avrebbe comportato non solo raddoppiare i nostri volumi di vendita, ma anche essere parte del gruppo che gestiva il più grande ondulatore d'Italia; dall'altro, i nostri abituali clienti di carta avrebbero potuto accusarci di concorrenza sleale e interrompere i rapporti commerciali costruiti in anni di sacrifici, cosa che, oltre al danno economico, avrebbe rappresentato un importante problema di immagine.

Tornai a casa e decisi di confrontarmi con la mia famiglia e, dopo aver ponderato tutti i pro e i contro, ci affidammo a uno studio di professionisti che mi aiutasse a valutare non solo i dati economici e finanziari di Ondulati Giusti, ma anche le eventuali conseguenze sull'immagine del mio gruppo a seguito dell'acquisto delle quote. Non era poi da escludere la posizione di Cartonificio Fiorentino che, pur essendo un'azienda a parte, rientrava nel pacchetto offerto.

Dopo essere giunti alla conclusione che non ci sarebbero state ripercussioni né in termini di immagine né di concorrenza sleale sul mercato, decidemmo di concentrarci sugli aspetti finanziari e fu in quel momento che ci rendemmo conto di trovarci di fronte a una situazione disastrosa: Ondulati Giusti aveva all'attivo un debito di circa 200 milioni di euro, dei quali 180 erano legati alle banche.

La scoperta di questo debito mise un freno ai miei entusiasmi. I proprietari erano convinti che bastasse un investimento di 20, al massimo 30 milioni per stabilizzare la situazione perché erano abituati a convivere con i debiti contratti con le banche. Ovviamente, non ero della stessa idea e a dare man forte a questa mia convinzione c'era anche l'agenzia di professionisti a cui mi ero affidato, secondo la quale l'investimento avrebbe calmato le acque solo per qualche mese, poi i problemi si sarebbero ripresentati più seri di prima. Le strade percorribili per Ondulati Giusti erano solo due: o il fallimento o il concordato; dunque, preferii fare un passo indietro in attesa della decisione dei proprietari, i quali scelsero di percorrere la strada del concordato: dopo aver fatto tutte le considerazioni del caso, il tribunale aveva valutato un prezzo e interpellato diversi operatori del settore che potevano essere interessati all'operazione. Tra questi operatori, c'era anche il mio gruppo. La nostra offerta si rivelò la migliore e così, nel settembre del 2014, intervenimmo nella procedura come assuntori, aggiungendo la Toscana alla mappa delle regioni coperte dagli stabilimenti Pro-Gest.

Nel corso degli anni acquistammo altri 30.000 metri quadrati di capannoni, ristrutturammo le macchine e investimmo in nuove linee, tutte operazioni che rendono ancora oggi Ondulati Giusti e Cartonificio Fiorentino due realtà fiorenti e in costante crescita.

Qualche anno dopo, nel 2009, un'altra azienda toscana, la ex Papergroup, oggi Tolentino Tissue, entrò nel gruppo. La *mission* della nuova arrivata fu da subito portare avanti, con spirito innovatore e dinamico, la storia dell'azienda originaria, iniziata nel settore cartario nel lontano 1895.

L'azienda è specializzata nella produzione e trasformazione di prodotti *tissue* in pura cellulosa e riciclati destinati sia al settore consumer GD, GDO e Drugstore sia al canale Professional HORECA (Hotellerie-Restaurant-Café). L'impiego delle tecnologie più evolute è garanzia di massima qualità, 100% italiana.

La tradizione del *tissue* italiano continua.

Qualcuno ha scritto che il futuro appartiene a coloro che credono nella bellezza dei propri sogni. Ebbene, ancora non lo sapevo, ma c'era un grande sogno ad attendermi.

CAPITOLO 10

LA FABBRICA SOSPESA

Agli inizi del Novecento, poco più a nord della città di Mantova, sulle rive esterne del lago di Mezzo era sorta una fabbrica per la produzione di pasta di cellulosa. L'opificio era cresciuto velocemente, pur cambiando spesso proprietario, fino a quando, dopo la Seconda guerra mondiale, la società Burgo ne era entrata in possesso. Negli anni a seguire, quelli del miracolo economico, nello stabilimento di Mantova era stata installata una macchina per produrre su grande scala una specifica tipologia di carta usata per la stampa degli elenchi telefonici e i quotidiani, tra i quali anche "La Gazzetta dello Sport". Le dimensioni del macchinario erano così imponenti che l'intero edificio avrebbe dovuto essere progettato come una sorta di scatola vuota, priva cioè di qualsiasi struttura portante al suo interno, proprio per contenere la lunga macchina continua.

Era quindi necessario individuare qualcuno che fosse in grado di immaginare una soluzione pratica e funzionale, ma allo stesso tempo avveniristica.

Il qualcuno in questione era Pier Luigi Nervi.

Ingegnere di fama mondiale, definito dallo storico dell'architettura Nikolaus Pevsner "il più geniale modellatore di cemento armato della nostra epoca", Nervi si era già contraddistinto per aver partecipato alla realizzazione di grandi opere come il Palazzo dello Sport di Roma e la sede UNESCO a Parigi. La cartiera di Burgo però si era presentata da subito come un'importante sfida, non solo perché si distaccava completamente dai progetti a cui aveva partecipato fino a quel momento, ma soprattutto perché lo metteva di fronte alla necessità di trovare la risoluzione a un problema funzionale complesso: creare una struttura che prevedesse un unico ambiente di lavoro lungo 250 metri dove concentrare le diverse fasi del processo di lavorazione della carta e che potesse ospitare spazi di servizio, motori, impianti e serbatoi al di sotto di essa.

Nacque così una struttura formata da un ponte sospeso e retta da due coppie di piloni in cemento armato a cavalletto, rastremati e inclinati, alti 47 metri, da cui partivano quattro file di catene metalliche che sorreggevano un grande traliccio in acciaio che fungeva da copertura della fabbrica.

La struttura era stata così concepita e realizzata al fine di ospitare la macchina continua della controllata Beloit Italia di Pinerolo, sede di una multinazionale americana specializzata in macchine per il trattamento della carta, come quella installata a Mantova che trasformava la pasta di legno in carta da giornale, avvolgendola in grosse bobine.

Il risultato di questa megastruttura, che resterà un *unicum* nei progetti di Nervi, vide inaugurare nel 1963 la "fabbrica sospesa", ovvero un'architettura singolare in grado di risolvere pienamente le esigenze di funzionalità della committenza con un esito avveniristico di grande forza che si stagliava nettamente nel panorama padano circostante.

Nel 2013, dopo cinquant'anni dalla sua fondazione, l'ultima storica cartiera italiana a produrre carta da giornale chiuse. Lo spegnimento della grande macchina nel cuore della fabbrica sospesa si trasformò nel simbolo definitivo del declino dell'editoria tradizionale a favore dell'informazione digitale e dei quotidiani online. A determinarne la chiusura fu anche il momento di grande crisi attraversato dal comparto italiano: nel 2012 il mercato della carta aveva toccato i minimi più critici della sua storia. Le vendite dei quotidiani erano scese del 6% e a queste perdite si sommarono quelle degli anni precedenti. Nel giro di cinque anni più di un milione di persone smise di acquistare il giornale. Chiusero i periodici, vennero fatti ingenti tagli di personale nelle redazioni dei principali quotidiani nazionali, dal "Corriere della Sera" alla "Gazzetta dello Sport". La crisi era profonda, sembrava quasi irreversibile, e la cartiera di Mantova si vide costretta a spegnere le macchine.

Nei primi anni della sua attività, la cartiera di Burgo aveva indirizzato la sua produzione alla cellulosa, lavorando quindi pasta di legno. Con il tempo aveva poi deciso di passare alla carta riciclata da utilizzare per la produzione dei giornali: prendevano i maceri, disinchiostravano ed estraevano una pasta, che poteva essere bianca o grigia, da utilizzare per creare i fogli destinati ai giornali.

Quando iniziò la crisi, tra le macchine, la prima a essere dismessa fu il disinchiostratore. Le voci di quel periodo avevano iniziato a susseguirsi velocemente e ricordo il mio grande stupore nel realizzare che una cartiera così storica, di cui avevo sempre sentito parlare e che rappresentava per me un gigante del mercato della carta, era in crisi.

Per un certo periodo di tempo continuarono a tenere attiva la parte della produzione della pasta, ma poiché dopo poco venne dismessa anche la macchina che trasformava la pasta in fogli, il materiale prodotto veniva inviato ad altri stabilimenti che ne completavano la lavorazione.

Quando anche la macchina per la pasta venne spenta, la fabbrica fu chiusa e messa in vendita.

In quei mesi avevo appreso dai giornali l'ipotesi di chiusura definitiva della cartiera. La notizia aveva stuzzicato il mio interesse, la fabbrica sospesa era da sempre sulla bocca di tutti per la sua maestosità e unicità, ma anche per quella operosità che l'aveva resa un'importante realtà aziendale per cinquant'anni.

Non accettavo il triste epilogo a cui era destinata.

Averla nel mio gruppo avrebbe rappresentato la realizzazione di un sogno abbastanza impraticabile nella mia immaginazione, ma pur sempre un sogno; dunque, nel 2014 decisi di avviare la trattativa per l'acquisto della storica cartiera Burgo di Mantova.

Il progetto non prevedeva semplicemente il riavvio di una cartiera, ma anche la ristrutturazione di una tra le opere più complesse e audaci dal punto di vista architettonico e tecnico, oltre che storico, vincolata ovviamente alla Soprintendenza Archeologia, Belle Arti e Paesaggio per le province di Bergamo e Brescia. Gli stessi proprietari prima della chiusura avevano fatto alcune prove per valutare se fosse possibile convertire le macchine alla produzione di carta riciclata per ondulatori ed erano giunti alla conclusione che il *revamping* necessario avrebbe comportato costi molto onerosi, quindi avevano preferito rinunciare. Iniziavo la trattativa ben consapevole di ciò a cui stavo andando incontro.

La società Burgo è di Vicenza, così chiedemmo di fissare un appuntamento presso la loro sede per presentare di persona la nostra offerta. Era aprile, e Alberto Marchi, la persona incaricata di seguire la trattativa, ci disse che prima di poter dare una risposta avrebbe dovuto sottoporre la nostra proposta al consiglio di amministrazione che si sarebbe riunito di lì a qualche mese. Avremmo dovuto portare pazienza e aspettare questa riunione.

Accettammo di buon grado, del resto non avremmo potuto fare diversamente. Ciononostante, andammo via con l'impressione che la sua fosse una scusa, un modo per prendere tempo e valutare se fosse realmente il caso di procedere con la vendita della cartiera.

La nostra sensazione non era infondata e non era legata ai motivi immaginati. Sebbene ci fossimo salutati con una specie di promessa, ovvero che la Burgo non avrebbe valutato nuove offerte prima di aver preso una decisione sulla nostra, in realtà in quel momento era in corso un'altra trattativa e da questa trattativa era scaturito il bisogno di temporeggiare.

Ovviamente il nostro era un accordo esclusivamente verbale, dunque non esisteva alcun vincolo legale che impedisse a Burgo di valutare altre opzioni; così, aspettammo pazienti di conoscere il destino della nostra offerta.

Trascorsero alcuni mesi, giugno era alle porte e, una volta valutata la nostra proposta, il consiglio di amministrazione preferì non esprimersi.

Nel frattempo, però, non avevamo sospeso il nostro dialogo con Alberto Marchi, anche se la trattativa aveva subito una battuta d'arresto su due aspetti in particolare che, a mio avviso, dovevano essere incluse nella compravendita: una ruspa seminuova e una villetta all'esterno della cartiera che faceva parte di un gruppo di case, costruite negli anni Sessanta e destinate ai dirigenti della cartiera affinché fossero vicini agli impianti per intervenire tempestivamente in caso di problemi. Le villette in tutto erano quattro. Tre erano state già vendute, mentre io ero interessato all'ultima rimasta, che immaginavo fosse inclusa nella vendita della cartiera. I proprietari erano di altro avviso, infatti nel corso della trattativa avevano deciso di vendere la villetta a un altro acquirente.

Superata la questione villetta, un'altra discussione era nata intorno a un terreno situato all'esterno del recinto della cartiera che non volevano cedere. Si trattava di un'area di circa 40.000 metri quadrati che faceva parte della cartiera e che poteva essere destinata alla costruzione di un supermercato. Su questo terreno, però, non avevo intenzione di cedere e mi imposi affinché fosse incluso nella trattativa che stavamo portando avanti.

Tutte queste obiezioni venivano sollevate nel corso dei nostri incontri, ma si trattava prevalentemente di chiacchiere alle quali non seguiva nulla di scritto che ci aiutasse a formalizzare almeno una delle questioni sollevate.

In parole povere, niente di fatto.

Fu un cambio di direzione all'interno della società Burgo a offrirci l'occasione per uscire da questo stallo. Paolo Mattei, il nuovo amministratore delegato, nel valutare tutte le attività della società decise di fissare un appuntamento per ribadire il loro interesse alla vendita e capire se fossimo ancora interessati all'acquisto.

Conoscevo da tempo Paolo Mattei, perché anni addietro era stato amministratore della cartiera di Riva del Garda. Mi recai all'appuntamento con mio figlio Francesco, ribadii il mio interesse a comprare lo stabilimento, ma evidenziai anche che erano trascorsi due anni dalla prima offerta e che, pertanto, volevo ridurla di almeno 3 milioni di euro. L'amministratore non solo non era d'accordo, ma rilanciò proponendo un incremento di un milione sulla cifra iniziale. Ci ritrovammo su due posizioni diametralmente opposte, così decidemmo di fissare un nuovo appuntamento per avere il tempo di ragionare a mente fredda.

All'incontro successivo, in occasione del quale ci presentammo entrambi in compagnia dei nostri avvocati, focalizzammo l'attenzione su alcuni aspetti che avevamo sottovalutato nel corso del nostro primo incontro: il mercato era cambiato, i prezzi avevano subito una flessione, per non parlare poi della grave crisi in cui versava in quegli anni il mercato immobiliare, con le conseguenti ripercussioni sia sulle vendite di immobili sia sugli acquisti. Se fossero ancora stati interessati a vendere, avremmo potuto andargli incontro e ridurre la nostra offerta di soli 2 milioni e mezzo.

Dopo una lunga trattativa, il CdA della Burgo accettò.

Era il 1° luglio 2015 e la fabbrica sospesa entrava a tutti gli effetti nella famiglia del Gruppo Pro-Gest.

La cartiera era ferma da due anni, il personale era stato licenziato e lo stabilimento era interamente ricoperto di guano di piccione, anzi, a volerla dire tutta, diversi stormi di piccioni avevano fatto del capannone di Nervi la propria casa.

Preso possesso della fabbrica, iniziammo subito a valutare il percorso da seguire per rendere nuovamente funzionante l'impianto.

La riflessione fu lunga e laboriosa perché le opzioni erano tante ed era importante individuare una direzione precisa prima di avviare qualsiasi tipo di investimento.

Inoltre, l'esperienza di Villa Lagarina ci aveva messi di fronte ai nostri limiti e alla consapevolezza che per riavviare una struttura così impegnativa avremmo avuto bisogno di professionalità specifiche, qualcuno che avesse maturato le competenze di cui né io né mio figlio Francesco, che in quel momento era alla guida di Villa Lagarina, né Giancarlo Giacomin eravamo provvisti. Durante una delle nostre passeggiate nello stabilimento, Paolo Mattei ci aveva parlato di un ingegnere, Stefano Lucchi, con il quale aveva già lavorato in passato e che era alla ricerca di nuovi stimoli. Ne aveva tessuto le lodi, così, a seguito di un colloquio con mio figlio Francesco, decidemmo di affidarci a lui e iniziare insieme questo nuovo percorso.

Partimmo vendendo i disinchiostratori e altre macchine che non erano utili alla nostra produzione di carta riciclata per packaging e prendemmo contatto con la finlandese Valmet, un'industria specializzata del settore cartario, e con l'austriaca Andritz, leader nella preparazione impasti.

Avevamo bisogno di una consulenza, qualcuno che ci indirizzasse sul percorso da seguire e ci aiutasse a definire un preventivo dei costi da sostenere per ammodernare e rimettere in funzione l'impianto. Il nostro obiettivo era farla ripartire entro un anno, ma eravamo ben consapevoli che gli investimenti da fare erano ingenti e i tempi necessari per i lavori agli impianti erano lunghi e consistenti. La spesa immaginata inizialmente si aggirava intorno ai 100 milioni di euro, ma si trattava sempre del *revamping* di una macchina vecchia, un percorso simile a quello fatto per la cartiera di Villa Lagarina.

La bobina prodotta aveva una larghezza di 7,10 metri, mentre gli ondulatori sia in Italia sia all'estero sono per lo più 2,50 metri di luce, dovevamo dunque immaginare di lavorare con due bobine da 2,50 metri e un'altra da 1,90-2-2,10 metri. Eravamo quasi convinti di procedere in questo modo e partire con la macchina con questa impostazione. Iniziammo a rifare i conti e a valutare commercialmente la nostra offerta di bobine in funzione del mercato corrente, che in realtà, però, stava via via dismettendo gli ondulatori da 2 metri in favore di quelli da 2,40-2,50 metri. I conti presto portarono alla luce il fatto che, così facendo, avremmo investito molto senza sfruttare pienamente le potenzialità della macchina continua, con il rischio di avere troppo scarto. La cosa più importante in cartiera, infatti, è ottimizzare la produzione per coprire tutta la luce macchina.

Di fronte a una tale situazione, decidemmo di ragionare nuovamente sulla strategia di *revamping*, ipotizzando di portare la macchina a 7,60 metri per fare tre bobine da 2,50 metri e avere un po' di refilo dai due lati, ottenendo così una copertura macchina del 100% e la possibilità di vendere il prodotto quasi totale e affrontare qualsiasi mercato.

Dopo aver ricevuto una serie di preventivi richiesti per questa soluzione, dovemmo arrenderci alla realtà dei fatti: la modifica che avevamo in mente era troppo radicale e non si poteva affrontare sulla macchina esistente, nata per fare altro tipo di carta, se non con costi e rischi di non riuscita esagerati.

Dopo molte riunioni e grattacapi, valutammo che fosse preferibile smontare completamente la macchina vecchia e montarne una nuova a partire dai *pulper*, ovvero le grandi vasche che servono per spappolare la carta vecchia e renderla morbida, quasi liquida, per poi passare attraverso il processo di filtraggio e pulizia della pasta fino ad arrivare alla preparazione degli impasti, ovvero dove si ottiene la polpa pulita per la carta nuova.

Quello della pulizia della carta è uno step fondamentale nel processo di produzione, in quanto, usando carta riciclata, attingiamo a una materia prima secondaria che deriva dai rifiuti casalinghi e delle aziende, all'interno della quale è facile trovare impurità, dalla graffetta da ufficio alla finestra di plastica della confezione di pasta. Una maggiore e minuziosa pulizia dell'impasto garantisce la produzione di una carta di alta qualità e in quel momento – a parte Villa Lagarina, che realizzava uno dei migliori prodotti presenti sul mercato tanto da competere con la produzione straniera – non esisteva in Italia altro impianto in grado di raggiungere tali standard.

Capimmo che era giunto il momento di cambiare strategia e andare avanti nonostante l'investimento ufficializzato fosse passato da 100 a 300 milioni di euro, inclusi i lavori di smantellamento della vecchia macchina e il recupero dello storico sito di Nervi, oggi protetto dal Ministero della Cultura.

Ricordo perfettamente quel giorno. Ricordo di aver apposto ben 3000 firme in una sola sera, una per ogni pagina del contratto stipulato.

Era un grosso impegno per noi, anche perché avevamo deciso di non attingere ad alcuna forma di finanziamento se non quello concesso dalle banche, che però poteva essere revocato in qualsiasi momento.

Ci assumemmo il rischio, e anche quella volta ci rimboccammo le maniche e andammo avanti. Ad affiancarmi in questa impresa c'era per primo mio figlio Francesco che, nel frattempo, si era fatto carico della direzione dei lavori e mi aggiornava costantemente sull'andamento.

I tecnici di Valmet tornarono a casa e iniziarono ad allestire la macchina; noi, dal canto nostro, cominciammo a versare i primi acconti definiti dal contratto: la macchina doveva essere costruita su misura per la nostra struttura e nessun fornitore avrebbe mai avviato i lavori senza aver ricevuto un pagamento formale.

Mentre i finlandesi procedevano con il loro lavoro, noi cominciammo lo smontaggio della vecchia macchina e la bonifica dell'area. Fu in quel momento che il nostro nuovo entusiasmo subì una battuta di arresto. Smontando il macchinario, ci accorgemmo che le spalle in cemento della vecchia macchina non potevano essere adattate alla nuova, che era larga 7,60 metri. In realtà, la macchina ci sarebbe pure entrata, ma sarebbe stata eccessivamente compressa nello spazio, così fummo costretti a dover rifare anche le spalle, operazione molto costosa e per niente semplice. Si trattava di ripartire dalle fondamenta, rifare le basi e il pavimento. Lavoro a cui poi si aggiungeva il rifacimento dell'impianto idraulico, dell'aria e quello elettrico del sotto macchina.

Tutti questi interventi ci portarono a un ulteriore esborso di 120 milioni di euro, che fece alzare il costo totale dell'ammodernamento a oltre 400 milioni. Una cifra alla quale non potevamo più far fronte attingendo solo ed esclusivamente alle nostre forze perché sarebbe bastata una lieve flessione del mercato o un cambiamento delle politiche europee a catapultarci in una situazione di difficoltà.

Decidemmo, pertanto, di esporre il nostro progetto ai mercati internazionali ed emettere un bond pubblico, che per fortuna venne offerto con un tasso abbastanza vantaggioso. Grazie alla disponibilità di questa nuova somma, riuscimmo non solo a coprire tutte le operazioni di *revamping*, ma anche ad avere la liquidità necessaria per gestire i nostri acquisti e arrivare alla fine del progetto con meno ansie.

Dopo aver risistemato le fondamenta e rifatto le basi, blocchi di cemento armato un metro per un metro, passammo alle travi. Nel frattempo, i tecnici finlandesi supervisionavano il nostro lavoro, ma a ogni misurazione c'era sempre qualche aspetto che rappresentava un problema. Avevamo costruito travi da 1,20 metri, ma a loro avviso non erano sufficientemente robuste per reggere il peso della macchina; inoltre, temevano che le fondamenta di Nervi potessero subire degli spostamenti, pochi millimetri che avrebbero influito sul posizionamento della macchina e di conseguenza sul suo funzionamento.

Ogni giorno si presentava una nuova criticità e ogni giorno, con il supporto dei nostri ingegneri, tecnici e muratori, cercavamo di assecondare le richieste dei finlandesi che forse, per eccesso di zelo, sottovalutavano alcuni aspetti del processo di stabilizzazione delle materie utilizzate per i lavori edili di preparazione. Man mano che il cemento si asciugava, stabilizzava la sua forma, quindi quei millimetri che cambiavano da un giorno all'altro non erano determinati dall'instabilità delle fondamenta, ma erano conseguenza del processo di assestamento dei lavori.

Il tempo passava e la nostra esigenza di montare la macchina continua cresceva, così, d'accordo con i finlandesi, firmammo un documento che li sollevava da qualsiasi responsabilità in caso di problemi o del mancato raggiungimento da parte della loro macchina delle performance richieste.

Firmato il documento, cominciammo ad assemblare la macchina. Un montaggio che durò circa sei mesi e che documentammo con un video *step by step*, pezzo dopo pezzo, a conferma che i lavori erano stati fatti nel migliore dei modi e che le fondamenta e le travi erano in grado di sopportare un peso che si aggirava tra i 500 e i 700 quintali.

Completato il montaggio, passammo all'avviamento della macchina. Inizialmente, partimmo solo con l'acqua che, girando per tutte le tubature, le avrebbe ripulite da eventuale sporcizia residua. Finito questo processo, all'acqua aggiungemmo anche la pasta di carta e, nel giro di trentasei ore, riuscimmo a ottenere il primo foglio di carta.

La fabbrica sospesa riprendeva finalmente vita!

Nelle settimane successive i nostri tecnici partirono per Tampere, dove ha sede la società Valmet, e seguirono dei corsi specialistici per prendere dimestichezza con l'impianto. Contestualmente, circa due volte al mese, i finlandesi tornavano a Mantova per monitorare il funzionamento della macchina e assicurarsi che tutto procedesse per il meglio.

A darci qualche noia inizialmente fu la lavorazione dell'impasto, un processo elaborato la cui riuscita è abitualmente determinata dall'esperienza maturata nella pratica quotidiana.

A supportarci in questo processo fu l'austriaca Andritz e, dopo alcuni mesi, riuscimmo a ottenere un impasto puro e omogeneo e, di conseguenza, un prodotto di ottima qualità. Giusto per dovere di cronaca, la macchina non si è mai mossa e non si sono mai verificati problemi strutturali o alle fondamenta dopo l'avvio della produzione.

Eravamo pronti per cominciare finalmente a lavorare e a produrre nuova carta, ma i veri problemi iniziarono quando le autorità locali si opposero alla nostra autorizzazione, obbligandoci a chiudere la fabbrica per circa un anno e mezzo. Lo stabilimento Burgo di Mantova, infatti, era l'unica cartiera in Italia ad avere un termovalorizzatore autorizzato all'interno della cartiera. Le normative europee prevedono che le cartiere siano provviste di termovalorizzatori, tant'è che in Paesi quali la Germania, la Francia o la Spagna è una condizione imprescindibile proprio perché si possa sfruttare al massimo la circolarità del processo, producendo l'energia necessaria dagli scarti; scarti che non sono altro che quello di cui parlavamo prima – pezzi e tracce di materiali come plastica, scotch, nylon, polistirolo, legno ecc. –, che non vengono separati in origine da chi compie la raccolta e che arrivano in cartiera nelle balle di macero pressato. Si tratta di impurità, un rifiuto eterogeneo mescolato che può essere mandato in discarica o utilizzato per produrre energia nel termovalorizzatore. Il nostro progetto prevedeva il totale rifacimento anche del termovalorizzatore presente in cartiera, secondo le più avanzate tecnologie, per utilizzare energicamente questi scarti. Sebbene il termovalorizzatore esistesse alla Burgo di Mantova già dal 1998 e fosse stato utilizzato regolarmente fino alla chiusura nel 2013 e, nonostante avessimo messo a punto un nuovo impianto eccellente, non solo dal punto di vista produttivo ma soprattutto ambientale, le autorità locali ci ostacolarono in tutti i modi.

Dopo un anno e mezzo di blocco, d'accordo con mio figlio Francesco e i nostri legali, decidemmo di rinunciare al termovalorizzatore per riaprire la fabbrica sospesa. Una decisione sofferta e ingiusta, presa solo ed esclusivamente per salvaguardare l'investimento compiuto, non solo in termini economici ma anche personali, per rendere giustizia al lavoro di decine di aziende e centinaia di persone.

Oggi "Mantova1", così è stata ribattezzata la macchina dell'impianto mantovano, è autorizzata a produrre circa 400.000 tonnellate di carta all'anno, collocando lo stabilimento ai primi posti in ordine di volumi in Europa e superando in Italia la seconda cartiera in lista, quella di Villa Lagarina.

Un risultato raggiunto grazie al lavoro di chi ha collaborato alla sua costruzione, ma soprattutto grazie a mio figlio Francesco il cui impegno e la cui dedizione hanno fatto sì che riuscissimo a raggiungere, pur con fatica, i risultati previsti dal nostro piano. Inoltre, la cartiera di Mantova *in primis* e quella di Villa Lagarina a seguire, secondo un recente benchmark effettuato da un noto consulente internazionale di altissimo profilo, sono le prime in Italia per il migliore *cost effective plant*, ovvero un esempio da seguire in termini di efficienza economica. E io ne sono incredibilmente fiero.

È un peccato che a Mantova la cartiera Pro-Gest non abbia mai goduto di grande simpatia locale, ma spero che qualcuno, leggendo questo libro, si ricreda o quantomeno capisca qualcosa di più della storia trascorsa. La fabbrica sospesa di Nervi, destinata all'abbandono dopo la chiusura nel 2013, è stata restaurata dal Gruppo Pro-Gest sotto l'attenta e vigile supervisione di tecnici, ingegneri e architetti della Soprintendenza Archeologia, Belle Arti e Paesaggio per le province di Bergamo e Brescia, ripristinando anche le antiche vetrate progettate in origine per consentire alla luce naturale di illuminare la macchina continua, con il fine unico di restituire questo patrimonio a tutta la comunità. Il sito è oggi aperto per visite guidate e sono state conservate alcune aree originali per salvaguardarne la storia, come la grande sala di controllo ovale da cui un tempo si comandava la produzione.

Ma Mantova è tornata al centro dei nostri pensieri anche di recente. Nel 2010 ho personalmente acquisito la storica Ondulati Maranello, realtà importante nel settore degli imballaggi e del cartone in Emilia-Romagna, al servizio dell'industria alimentare e delle ceramiche. Nel 2022 questa realtà aziendale ha trovato nuova sede a Castelbelforte, proprio in provincia di Mantova. Con il parco macchine più tecnologicamente avanzato in Italia e una superficie coperta di 50.000 metri quadrati su un terreno di 100.000, il nuovo impianto è stato progettato da Pro-Gest per operare in sinergia con la cartiera di Mantova. In particolare, lo stabilimento di Castelbelforte è adibito alla produzione di cartone ondulato e imballaggi di alta qualità, per competere sul mercato nazionale secondo i più elevati standard di conformità ambientale. Il sito è alimentato, infatti, da un impianto fotovoltaico da 3,5 MW che rende lo stabilimento completamente autonomo da un punto di vista energetico, grazie anche all'utilizzo di macchinari di ultima generazione a basso consumo e ai sistemi di recupero energetico installati sulle macchine deputate alla movimentazione interna del prodotto. Le tecnologie di stampa e lavorazione del cartone sono le migliori esistenti in Italia.

Ci piace pensare che Mantova e questa cartiera possano continuare a essere studiate sui libri di scuola come esempio indiscutibile di successo tra architettura e industria, tra arte e tecnologia.

Un sogno avveniristico che ha segnato un punto di svolta per il nostro gruppo e che oggi rappresenta un elemento fondamentale di ciò che possiamo definire un nuovo polo cartario di livello europeo.

CAPITOLO 11

L'INDUSTRIA DELLA CARTA NELLA TRANSIZIONE ECOLOGICA

Abbastanza è una parola che ripeto spesso, ma il suo significato o, meglio, il significato che ha per me è diverso da quello riportato sul vocabolario.

Quando dico che un prodotto è abbastanza buono o che il risultato raggiunto è abbastanza soddisfacente, sto dicendo a me stesso che possiamo fare di meglio. Il mio *abbastanza* è un monito, un invito a superare e migliorare i risultati raggiunti.

Negli ultimi cinquant'anni, la maggior parte delle risorse del nostro gruppo è stata indirizzata all'ideazione di nuovi prodotti, alla manutenzione e all'ammodernamento dei macchinari sia in termini di qualità sia in termini di riduzione dell'impatto dei processi produttivi sull'ambiente.

Il riciclo e l'attenzione a tutto quello che ci circonda sono da sempre alla base di quello che facciamo, perché quando parliamo di risparmio energetico e sostenibilità del territorio, *abbastanza* è una parola assolutamente non in linea con i miei standard. La necessità di ridurre e ottimizzare il packaging è una delle più grandi sfide dell'industria, soprattutto di quella alimentare, ove l'eccesso di imballaggi e lo smaltimento – soprattutto di quelli di plastica – sono diventati temi chiave su scala globale.

Se c'è una cosa, infatti, di cui ancora oggi sono fermamente convinto è che il futuro va costruito a partire dal presente. Un po' com'è accaduto con la fabbrica sospesa: senza le opportune fondamenta, non è possibile immaginare un giusto sostegno per il nostro domani.

Il domani però può riservarci anche grandi cambiamenti ai quali dobbiamo essere in grado di adattarci, proprio come accade con la filiera della carta e la sua capacità di far parte delle nostre vite in modi sempre diversi. Una peculiarità che ho sempre ritenuto straordinaria e vincente e che è resa possibile da uno dei più efficaci sistemi di economia circolare esistenti.

Penso a Trevibag, la divisione di Trevikart più giovane, nata nel 2019, che si colloca a valle della filiera della carta. Il suo obiettivo era integrare ulteriormente il prodotto finito attraverso la produzione e la commercializzazione di borsette e sacchetti di carta, un articolo per noi nuovo e che completava in qualche modo la nostra proposta per il take-away.

Grazie a questo nuovo prodotto nella nostra gamma, nell'anno della pandemia abbiamo fornito milioni borse ai più grandi *player* del fast food e mi piace menzionare il n. 1, McDonald's. Se qualcuno mi avesse detto che sarei arrivato con le mie aziende a fornire addirittura uno dei brand più riconosciuti al mondo gli avrei detto che era pazzo.

Che orgoglio, che soddisfazione!

Questo tipo di integrazione è un processo che aveva trovato un ulteriore sbocco anche nel 2015, in occasione dell'acquisizione di due impianti dal Gruppo Mauro Benedetti situati a Modugno, vicino a Bari, e a Carnate, in provincia di Monza. Stabilimenti strategici per il gruppo sui quali abbiamo investito perché ci hanno consentito di espanderci verso le industrie alimentari del Sud Italia e servire sempre più l'area lombarda, rivedendo le nostre strategie in funzione di un servizio più vicino alla clientela e, quindi, con un impatto minore dal punto di vista del trasporto e dell'organizzazione logistica.

La nostra economia circolare si completa a valle, come ho descritto nei casi di Trevibag e degli impianti dell'ex Gruppo Benedetti, ma inizia a monte, con la nuova vita che diamo alla carta. Ogni anno le sei cartiere del nostro gruppo riciclano un milione e mezzo di tonnellate di carta da macero proveniente dalla raccolta differenziata e destinate al riciclo, non prima però di essere state selezionate nelle nostre piattaforme.

La raccolta e la selezione del macero ci permette di avere un controllo totale sulla filiera, ma soprattutto di raggiungere degli standard qualitativi elevati ben prima di dare inizio al processo di trasformazione della carta.

In base al prodotto da realizzare, si seleziona la tipologia di macero da lavorare all'interno del *pulper*. L'impasto ottenuto viene sottoposto poi a ulteriori trattamenti, così da eliminare tutti quegli elementi estranei che potrebbero compromettere la qualità del prodotto finito.

Terminati i filtraggi, la pasta fibrosa ricavata può essere utilizzata per dare inizio al processo di formazione del nuovo foglio. Nel caso della carta per ondulatori, la pasta di carta viene introdotta in un ciclo di asciugatura lungo alcune decine di metri formato da piani di scolo dell'acqua in eccesso e cilindri caldi che raggiungono la temperatura di oltre 150 gradi. Questo processo continuo fa sì che le fibre si compattino e formino un lungo foglio pressato in cui l'acqua presente è sempre meno, fino a un'evaporazione totale del residuo umido. Alla fine del processo, attraverso l'aggiunta di amido naturale, la carta riciclata risultata può variare in resistenza, ed è propria questa resistenza a determinarne l'applicazione. Si ottengono così le bobine, rotoli di grandi dimensioni che vengono tagliati e preparati sulla base delle altezze richieste dall'ondulatore che produrrà poi il cartone.

Gli investimenti fatti in tutti questi anni ci hanno permesso di avere diverse macchine continue e di produrre pertanto svariati tipi di carta sia da onda sia da copertina per tutti i tipi di packaging.

A valle di questo primo tassello della filiera, altri ventidue stabilimenti del Gruppo Pro-Gest danno vita a uno straordinario ecosistema in grado di produrre cartone e scatole di ogni genere, destinate a tornare di nuovo nelle nostre vite in forme diverse e imprevedibili e poi a essere nuovamente avviate al riciclo in un processo potenzialmente senza fine.

C'è poi la carta *tissue*, più leggera – le cui caratteristiche si misurano con il numero di veli e con la morbidezza –, utilizzata per uso domestico, sanitario e igienico. Anche in questo caso, le migliorie apportate agli impianti ci hanno permesso di realizzare un prodotto di altissima qualità e ci hanno spinto a instaurare nel 2007 un importante rapporto commerciale con World Cart, una giovane azienda di Cremona specializzata nella trasformazione di prodotti monouso in carta *tissue* quali fazzoletti, carta casa, carta igienica, tovaglioli e rotoli industriali. Prodotti che possono essere anche personalizzati e collegati alle licenze più famose in tutto il mondo, fattore che ha portato questi nostri articoli a essere presenti nelle più grandi catene di distribuzione organizzata e in ben sessanta nazioni.

I nostri sforzi negli anni sono stati indirizzati a trovare soluzioni strategiche e all'avanguardia in tutti settori che contraddistinguono l'ambiente lavorativo e i suoi processi come, ad esempio, lo stoccaggio e la movimentazione robotizzata nei magazzini o attraverso l'implementazione di procedure che ci consentono di tracciare i prodotti fino alla materia prima utilizzata per realizzarli, così da consentirci di monitorare le forniture, mantenendo elevati e costanti gli standard dei prodotti.

Le nostre cartiere sono state tra le prime ad avere impianti di cogenerazione, producendo energia elettrica e vapore mediante turbogas e caldaie a recupero ad alta efficienza e con il minor impatto possibile sull'ambiente. Un processo, iniziato già alla fine degli anni Ottanta, che negli ultimi dieci anni ha ricevuto un'ulteriore spinta grazie all'installazione di impianti fotovoltaici che producono energia rinnovabile e che hanno reso completamente indipendenti dal punto di vista energetico molti dei nostri stabilimenti. L'attenzione è altissima anche nei confronti del consumo di acqua: le nostre cartiere producono carta utilizzando circa un terzo dell'acqua che normalmente viene usata poiché nelle fasi di ammodernamento di questi ultimi anni abbiamo puntato molto sull'efficientamento dei consumi e sulla depurazione e reimmissione delle acque di lavorazione nel processo produttivo.

Oggi più che mai sono sicuro che non esiste miglior investimento possibile, così come sono convinto che sia fondamentale indirizzare tutte le risorse economiche, di personale e ambientali al raggiungimento di ciò che per noi è, e deve continuare a essere, un obiettivo primario: supportare e avvalorare il circolo virtuoso del riciclo della carta.

L'industria della carta negli ultimi anni è andata incontro a due trend ben distinti ma in egual modo importanti: da un lato, la sempre maggiore carenza di fibre vergini provenienti dalle foreste; dall'altro, la crescente necessità di creare mercati di sbocco per prodotti che utilizzano la materia prima riciclata, anche in virtù di una maggiore sensibilità ambientale all'interno delle società. In questo senso, rispetto ad altre industrie, la produzione di carta possiede un grande potenziale intrinseco per affermarsi come settore veramente sostenibile ed ecologico. E la nostra filiera ha un ruolo fondamentale nella transizione ecologica che stiamo vivendo.

Pro-Gest è anche il primo gruppo in Italia ad aver certificato l'intera filiera della carta e del cartone secondo gli standard FSC® e PEFC, due importanti certificazioni di custodia forestale che sottolineano ancora di più l'attenzione che il gruppo pone non solo alla qualità dei prodotti ma anche alla salvaguardia dell'ambiente. Poter garantire la certificazione FSC® e PEFC significa essere in grado di tracciare ogni fase della filiera produttiva: dalla scatola di cartone è possibile risalire al macero utilizzato per la carta riciclata prodotta o all'albero impiegato per la carta vergine. La certificazione PEFC prevede che si utilizzi cellulosa proveniente solo da foreste gestite in modo sostenibile, così da proteggere la catena di approvvigionamento a livello globale.

Quella che cinquant'anni fa si è manifestata come una mia sensibilità, come un'intuizione imprenditoriale, oggi rappresenta un vantaggio impareggiabile. Mi rende orgoglioso riconoscere che, inconsapevolmente, ho iniziato a pensare tanti anni fa ai concetti che oggi sono alla base della *green economy*, non capendo fino in fondo che investire in sostenibilità era una grande opportunità, e un privilegio, per il nostro futuro, per i nostri figli e per i nostri nipoti.

Ed è sempre in questa ottica di etica ambientale che circa quindici anni fa abbiamo deciso di dar vita a soluzioni di design funzionali ed estetiche nel mondo degli arredi e degli allestimenti con uno *spin-off* che si chiama Trevikart GreenDesign, un'azienda che ha realizzato i primi mobili di cartone ondulato in Italia, affermandosi sul mercato come uno dei principali punti di riferimento nella produzione di allestimenti e arredi *green*.

Se fino a quel momento avevamo ridato vita alla carta attraverso il riciclo, valorizzando un sistema di economia circolare, con Trevikart GreenDesign abbiamo deciso di trasformarlo in un progetto d'arte tecnico. I prodotti sono totalmente Made in Italy, riciclati e riciclabili, fatti su misura in modo artigianale e quasi delle opere uniche. Siamo riusciti a produrre arredi che si caratterizzano in particolare per resistenza e robustezza, che durano nel tempo e che in alcuni casi sono accompagnati anche da altre componenti ecocompatibili e riciclabili come MDF, multistrato di pioppo, ecopelle e vetro. L'utilizzo di questi elementi è finalizzato a rendere gli arredi igienizzabili, così da non essere costretti a sostituirli, sprecando inutili risorse. Tale scelta è stata compiuta considerando l'etica ambientale e per offrire ai clienti finali il massimo dell'impiego. Sempre più utilizzatori, infatti, sono sensibili alla tutela dell'ambiente e ricercano prodotti sostenibili e a basso impatto ecologico.

L'anno che ha visto la nascita di Trevikart GreenDesign è stato anche l'anno in cui abbiamo ufficializzato l'acquisto di Cartonstrong Italia di Monza, storica azienda con quasi 200 dipendenti, riferimento nel mercato del cartone ondulato in Lombardia e nel Nord Italia. Nel 2009 Cartonstrong rappresentava quello che nel nostro gergo è definito un "fogliaio puro" perché la sua produzione riguardava esclusivamente i fogli di cartone ondulato che venivano poi venduti a scatolifici terzi per realizzare il prodotto finito. Dieci anni dopo, nel 2019, abbiamo trasferito l'intera azienda in una nuova sede a Grezzago, cittadina alle porte di Milano, costruendo un capannone nuovo di 55.000 metri quadrati, completamente automatizzato, in cui è stata installata una nuova linea ondulatrice di ultima generazione del costruttore Fosber, gruppo internazionale leader nei macchinari per la produzione di cartone ondulato.

La nuova sede, che si trova in un punto logisticamente strategico, a pochi metri dall'ingresso del casello autostradale di Trezzo sull'Adda, produce un cartone di primissima qualità con la massima efficienza. Ha un magazzino di 25.000 metri quadrati con pavimento riscaldato per permettere che le proprietà del cartone prodotto all'uscita dell'ondulatore rimangano stabili fino alla consegna al cliente.

Inoltre, il 26 febbraio 2022, le funzionalità innovative di questo impianto ci hanno permesso di raggiungere un risultato che è stato per noi fonte di grande orgoglio. Durante il turno pomeridiano, dalle due alle dieci, è stato stabilito un record mondiale di prestazione premiato dal team di Fosber: in otto ore di lavoro sono stati prodotti 175,013 metri lineari di cartone ondulato, con una velocità media raggiunta di ben 364 metri al minuto, senza alcun tipo di interruzione. Un record produttivo che solo il nostro impianto lombardo fino ad allora era riuscito a conseguire tra tutte le linee ondulatrici Fosber installate nel mondo.

Mi emoziono sempre per queste cose, mi vergogno anche un po', ma questo sentimento non si può comandare. In realtà, penso che la commozione derivi dal fatto che dietro un record, sotto la medaglia, oltre il traguardo, ci sia per me sempre il sacrificio. Quello che fin dai primi passi mi ha accompagnato, quello spirito che ho condiviso con tante persone, quella necessità di voler emergere perché altro non potevo accettare.

Abbastanza in quantità o in modo *sufficiente* non fa per me.

CAPITOLO 12

NON SI VIVE DI SOLA CARTA

Credo che a questo punto del racconto sia chiaro che le vacanze non sono mai state una mia priorità. Eppure, c'erano dei momenti dell'anno, che di solito coincidevano con il mese di agosto e il periodo di Natale-Capodanno, durante i quali, anche negli anni di intenso lavoro, riuscivo a ritagliarmi qualche giorno con la mia famiglia. Quando i miei figli erano piccoli, andavamo a Gallio, sull'altopiano di Asiago e a Porto Santa Margherita vicino a Caorle. Ci ritrovavamo lì ogni anno, sempre con le stesse famiglie, Giancarlo e Giovanna, Emma e Iseo, mia sorella Donatella con suo marito Ennio e ovviamente tutti i nostri figli. Eravamo una bella compagnia, riuscivamo a essere felici e spensierati, i bambini preparavano degli spettacoli e noi adulti dovevamo assistere alle recite che a volte erano una specie di circo, altre una sfilata di moda, altre ancora un concerto. Insomma, quello che fanno tutte le famiglie con bambini che con la loro fantasia e spensieratezza riempiono le giornate. È durante queste vacanze che ho insegnato ai miei figli a sciare e a nuotare. Sebbene nemmeno io fossi un campione, era bellissimo sentirsi il loro idolo per qualche ora. Delle passeggiate ad Asiago d'estate alla ricerca di funghi e dei picnic con i miei bambini, abbiamo delle bellissime diapositive, come si usava a quel tempo. Anna Maria ci preparava lo zaino con i panini e tutto il necessario, e noi partivamo con gli scarponi e i calzettoni come se dovessimo scalare l'Everest, stendevamo la coperta e lasciavamo a mia moglie qualche ora di tranquillità. Il più delle volte eravamo nel prato dietro casa da cui si godeva di una stupenda vista sull'altopiano di Asiago e, se eravamo fortunati, incontravamo qualche mucca al pascolo, così per i bambini era lo stesso una vera avventura. Al pomeriggio si faceva una passeggiata nel centro del paese e la sera a casa mi piaceva preparare il risotto con i funghi raccolti. Al mare, invece, le giornate erano tutte all'insegna dell'acqua, in spiaggia alla mattina e tuffi in piscina al pomeriggio, seguiti da un bel panino con la Nutella e da una grigliata per cena nella nostra casetta.

Anno dopo anno, i miei figli crescevano, maturavano passioni e le figlie più grandi erano alle prese con le prime cotte, delle quali, come tutti i padri, preferivo non essere a conoscenza.

Come l'altopiano di Asiago ha letteralmente visto crescere la mia famiglia, allo stesso tempo cresceva in me il desiderio di natura, tranquillità e benessere legato al territorio. Come dico sempre, questo posto ha un enorme fortuna, tutti dall'Australia all'America conoscono il nome "Asiago" perché il suo formaggio lo si trova sulle tavole di tutto il mondo e la bellezza di questo posto mi ha ricaricato innumerevoli volte in questi ultimi cinquant'anni. E poi Asiago è ricchissima di storia, anzi è un monumento a cielo aperto, poiché proprio da questo altopiano furono sparati i primi colpi di cannone della Grande Guerra. Credo sia per questo che negli ultimi anni ho sentito il bisogno, quasi un richiamo, di valorizzare quei luoghi, di esaltarne il loro potenziale turistico e storico. Tra il 2014 e il 2019 ho deciso di concretizzare questa grande ambizione attraverso alcuni investimenti finalizzati a rilanciare il turismo altopianese.

Il mercato della carta si era stabilizzato, i sacrifici erano stati e continuavano a essere tanti, ma la situazione delle mie aziende era buona, così pensai che fosse il momento giusto per diversificare e, anziché reinvestire tutto nella carta, indirizzai parte dei miei guadagni verso un progetto lontano da ciò che avevo fatto fino a quel momento, ma che in fondo si basava su quel comune denominatore che ha sempre mosso il mio impegno: ridare vita a ciò che aveva il potenziale per trasformarsi in altro.

In realtà, questo non è stato il mio primo investimento diverso dal mondo della carta.

Agli inizi degli anni Settanta, quando non ero ancora sposato con Anna Maria, insieme a mio cognato Iseo, Bruno Zorzi e un altro amico, Gianni Lucini, rilevammo una discoteca vicino a Treviso, precisamente a Spresiano, *La tavernetta da Bruno*. Che la discoteca avesse il mio stesso nome era una pura casualità. Si trattava di un lavoro extra a cui dedicavamo il tempo durante il fine settimana, il sabato e la domenica. La discoteca apriva alle tre del pomeriggio e chiudeva nel tardo pomeriggio, poi c'era un secondo turno d'apertura dalle otto di sera a mezzanotte, quello che abitualmente coprivo io. Erano altri tempi, i pagamenti erano tutti in contanti e io mi occupavo della cassa e dell'amministrazione. Anche la gestione di questa discoteca, che non è durata molto per la verità, era stato motivo di discussione con lo "zio prete" di Anna Maria; sebbene la nipote non frequentasse il locale, soprattutto nelle ore serali, ma si limitasse a passare a salutarmi di tanto in tanto durante il turno pomeridiano, e sempre in compagnia delle sue sorelle, don Emiliano considerava questa attività disdicevole, e questa era stata una delle ragioni per le quali si era poi rifiutato di celebrare le nostre nozze.

Questa fu la prima esperienza alternativa alla carta, ma nel tempo ne arrivarono molte altre.

Nel 2009 io e mia moglie ci siamo innamorati di una proprietà di circa 10 ettari sopra Conegliano, nelle colline del Prosecco che qualche anno dopo sono diventate Patrimonio dell'Unesco. Una casa padronale dai generosi spazi, 7 ettari di vigna e 3 di boschi fanno da cornice a uno splendido angolo di paradiso dove, con l'aiuto di mia figlia Valentina, abbiamo dato vita alla Società Agricola Zago Gasparini, a una linea di Prosecco DOCG e a vini rossi tipici del nostro territorio, includendo nella produzione anche dell'uva che proviene dai terreni che appartenevano a mio suocero. Un modo per conservare le origini ed esaltare un prodotto tanto conosciuto nel mondo. I nostri vini sono arrivati negli USA, grazie ad Alessandra e suo marito, in Cina, in Nord Europa, in Australia e presto raggiungeranno anche il Messico. Anche in questo progetto abbiamo deciso di applicare la nostra filosofia ecosostenibile. I prodotti della tenuta, infatti, nascono da un'agricoltura rispettosa delle tradizioni artigianali e puntano al minimo impatto ambientale. Dalla terra alla cantina, lungo tutta la filiera produttiva viene prestata grande attenzione alla selezione dei grappoli e alle tecniche che permettono la riduzione dell'anidride solforosa, come l'uso del ghiaccio secco in campagna e dei gas inerti nelle movimentazioni del vino. La nostra idea sposa i principi dell'agricoltura biologica e, volendo evitare l'impiego di concimi chimici, abbiamo deciso di utilizzare il rame e lo zolfo, e di praticare l'interramento di piante azotanti attraverso la tecnica del sovescio, per aumentare la fertilità del suolo e assicurare anche il corretto consumo idrico per tutte le nostre coltivazioni.

La casa padronale è diventata una villa per vacanze che affittiamo a turisti di tutto il mondo ed è inclusa in un circuito, a cui abbiamo dato il nome di Veneto Hills, con altre due ville a Refrontolo, poco lontano da Conegliano, dedicato a chi apprezza il relax di una casa nel verde completamente a propria disposizione e il piacere di un ambiente rilassante e lontano dalla frenesia cittadina.

A Venezia ho selezionato due gioiellini, due piccoli boutique hotel, uno a Rialto, nel cuore pulsante della città, e uno in una posizione un po' più tranquilla e ricercata a Cannaregio. Investire a Venezia può sembrare ovvio e scontato per un imprenditore del Veneto, ma la nostra filosofia è proprio fare la differenza per i nostri ospiti, offrendo servizi di aiuto e consulenza nell'organizzazione delle giornate, ritagliando la vacanza su misura e consigliando una Venezia autentica e differente dagli itinerari tradizionali.

Ma tornando al mio primo amore, Asiago, nel 2014 sono entrato nella società di gestione dell'Aeroporto Romeo Sartori acquistando il pacchetto di controllo. Non tutti sanno che ad Asiago c'è l'aeroporto più alto di Italia: la pista si trova a oltre 1000 metri di altitudine e offre un paesaggio immerso tra i pascoli dell'altopiano che è unico al mondo. Qui atterrano aerei privati turistici dall'Italia e da tutte le nazioni straniere confinanti a nord e a est, un'operazione che, grazie alla collaborazione con l'ENAC e con un forte piano promozionale di lancio e comunicazione di cui mi sono fatto promotore, ha portato l'aeroporto ad accogliere quasi 4000 velivoli privati all'anno.

Quando sono subentrato io, gli arrivi erano poco meno di 300 e l'aeroporto, che versava in uno stato di semiabbandono, era aperto solo grazie alla buona volontà di qualche appassionato. Nel 2016, in occasione delle celebrazioni per centenario dalla Prima guerra mondiale, proprio in questo aeroporto ho avuto l'onore di accogliere il Falcon con a bordo il nostro Presidente della Repubblica, Sergio Mattarella.

Il mio chiodo fisso però è sempre stato lo Sporting, uno storico hotel con american bar nel centro della cittadina, il più prestigioso dell'altopiano fino agli anni Novanta. L'hotel di lusso, fiore all'occhiello del turismo di Asiago, aveva nel tempo lasciato spazio a un aparthotel con più di quaranta alloggi arredati in modo semplice per poi restare chiuso per diversi anni. Passeggiavo spesso in paese, d'estate e d'inverno, e osservavo con dispiacere questo luogo, un tempo sfarzoso, lasciato in stato di abbandono. Così, quando si è presentata l'occasione, ho colto volentieri la possibilità di investire per dare nuova vita a questo simbolo di ospitalità, non badando molto alle spese, ma con l'intento di ridare al paese un albergo di grande lustro, con un'area benessere dove rilassarsi e godere delle bellezze paesaggistiche offerte da un territorio ricco di storia e tradizione. La ristrutturazione, durata due anni, ha trasformato radicalmente l'albergo, mantenendo intatte solo le mura perimetrali. Dai quarantaquattro appartamenti abbiamo ricavato ventisei suite di lusso, ognuna delle quali con materiali e arredi di grande pregio, con lo stile di una magica casa di montagna.

È nato quindi il nuovo Asiago Sporting Hotel & SPA e, dalla sua apertura, il 24 dicembre 2019, a oggi, il nostro impegno è stato indirizzato a rispolverare la sua vocazione turistica. Purtroppo, a distanza di tre anni i risultati raggiunti non sono ancora imprenditorialmente soddisfacenti. Mi auguravo che una struttura di questo genere riuscisse a portare sul territorio un turismo non strettamente legato alla stagione, ma a quanto pare i tempi non sono ancora maturi e di certo il rilancio di un luogo non può dipendere solo dagli investimenti di qualche imprenditore lungimirante.

La diversificazione dei miei investimenti ha, quindi, visto man mano la creazione di un vero e proprio brand legato all'ospitalità, Zago Hospitality, di cui fanno parte, oltre alle strutture che ho descritto, anche alcuni ristoranti nei dintorni di Treviso, un'altra società agricola in Trentino, il progetto editoriale "Tesori", dedicato alle eccellenze da scoprire, e un antico monastero del Seicento ad

Asolo, uno dei Borghi più belli d'Italia, dove ha sede anche la Fondazione Famiglia Zago che si prefigge di valorizzare l'arte e la cultura nel territorio, legando le iniziative a opere di utilità sociale nel settore sanitario.

I miei interessi però non si sono limitati al territorio del Veneto e sono arrivati fino in Sardegna, nel cuore della Costa Smeralda, dove ho scovato un piccolo borgo semiabbandonato che mi ha travolto il cuore. Con un anno di lavori ho completato la ristrutturazione di sette ville super esclusive e ho aperto le quaranta camere del boutique hotel: si chiama Borgo Smeraldo ed è il mio più recente amore nel mondo dell'ospitalità.

A tutti questi luoghi sono legato per tanti ricordi e momenti famigliari importanti, come il matrimonio di Francesco nella nostra cantina a Conegliano, quello di Valentina nel chiostro del convento di Asolo, i battesimi dei miei nipoti e i tanti compleanni in Sardegna. Insomma, non sono uno a cui piace stare fermo, è più forte di me. A volte, senza molti sostenitori, mi trovo di fronte a delle situazioni che hanno bisogno di qualcuno che le raccolga e le prenda per mano, valorizzandole e restituendo loro nuova dignità. Come la sorgente da cui sgorga l'acqua Pradis, uno degli ultimi progetti su cui ho messo gli occhi, uno stabilimento in provincia di Pordenone chiuso ormai da tre anni e sul quale investirò fino a far ritornare le bottiglie sugli scaffali.

A chi mi chiede perché abbia scelto delle realtà commerciali così lontane da quella che mi ha visto impegnato negli ultimi cinquant'anni della mia vita, rispondo che ho sempre visto delle opportunità. Dei brutti anatroccoli da trasformare in cigni. Quando ho letto la biografia di Sergio Marchionne, mi ha profondamente colpito una sua frase: "Molto più importante della libertà in sé è il modo in cui decidiamo di esercitarla. Tutto ciò implica la necessità di prendere coscienza della responsabilità morale che è associata alle nostre azioni e alle nostre scelte. La vera libertà esiste solo nell'impegno".

Solo quando ho la possibilità di ricominciare ancora una volta, mi sento veramente libero. E, se tutto può finire, non è forse altrettanto vero che tutto può rinascere?

CAPITOLO 13

IL PASSAGGIO GENERAZIONALE

Nonostante sia sempre stato credente e abbia frequentato la chiesa di Zero Branco fino a che i miei figli hanno ricevuto tutti i sacramenti, non sono mai stato un grande fan del mondo ecclesiastico.

Ho sempre affidato le mie preghiere al buon Dio più che altro nei miei momenti intimi e di riflessione a occhi chiusi, generalmente mentre mi spostavo tra uno stabilimento e l'altro, visto che da diversi anni non guido più. Durante la messa però ascoltavo sempre con molta attenzione il Vangelo e mi ricordo che a volte, durante il pranzo della domenica, interrogavo i miei figli per capire se anche loro avessero ascoltato e compreso il senso dell'insegnamento. Nella maggior parte dei casi non era così, di certo non è sempre semplice comprenderli nemmeno per un adulto. Ancora oggi capita, anche un po' per farli arrabbiare, quando discutiamo, di dire ai miei figli che nel mio testamento lascerò tutto alle suore.

"L'amore comincia prendendosi cura di quelli più vicini: quelli che sono a casa." Questa frase non è mia ma di Madre Teresa di Calcutta, conosciuta per la sua carità, la generosità, il coraggio e la propensione al duro lavoro. Nel mio piccolo, infinitamente piccolo in confronto alla grandezza di questa straordinaria suora, è una frase in cui mi riconosco perché il motore di tutto ciò che mi ha spinto a cercare sempre di migliorare e che mi ha aiutato ad affrontare i momenti difficili è stato il senso di responsabilità nei confronti della mia famiglia, sicuramente unito a quella voglia di emergere tipica degli uomini e donne della mia generazione.

Sicuramente ogni sacrificio, ogni soldo risparmiato, persino quelli che sono sembrati degli azzardi, tutto è stato fatto per garantire il miglior futuro possibile a mia moglie e ai miei figli.

Quando però sei padre, ma allo stesso tempo anche il fondatore del più importante gruppo cartario italiano, non puoi fare a meno di guardare al domani, pensando non solo al futuro dei tuoi figli, ma anche a quello di tutti i dipendenti che l'hanno reso tale.

E se è vero che la storia è maestra di vita, qualsiasi imprenditore a un certo punto della sua esistenza dovrebbe chiedersi che cosa accadrà nel momento in cui non sarà più al mondo, ma soprattutto che cosa è meglio fare per far sì che tutto ciò che ha costruito continui a esistere.

Sono diverse le realtà imprenditoriali che dagli inizi del Novecento a oggi hanno visto andare in rovina il lavoro dei propri fondatori a causa del poco interesse o dell'incapacità dei loro successori nel portare avanti la gestione dell'impresa di famiglia o per colpa di incomprensioni famigliari diventate insormontabili. Penso a Lancia, la più antica delle case automobilistiche italiane, o ai Florio, una delle famiglie più ricche d'Italia che disponeva di una flotta di quasi cento navi e che aveva rivoluzionato l'industria del tonno in scatola.

Sono solo due esempi, due famiglie che hanno fatto la storia dell'industria italiana, distrutte da quella che gli economisti hanno definito "sindrome dei Buddenbrook", una specie di malattia scatenata da quei cambiamenti gestionali, a volte deleteri, in cui possono incorrere le imprese famigliari con il susseguirsi delle generazioni. Il 10% dei fallimenti aziendali deriva dall'assenza di una pianificazione nei passaggi generazionali, una distruzione di ricchezza enorme. Credo che questa fase rappresenti per gli imprenditori della mia generazione una nota dolente e fingere che non sia così è solo un modo per contribuire a distruggere ciò che si è costruito con tanta fatica e sacrificio.

C'è un detto che ripeto spesso ai miei figli: "Quando l'acqua tocca il culo, si impara a nuotare". Questo modo di vedere le cose suggerirebbe che io non veda fretta nello spiegare come si fanno le cose, propendendo più per affrontare gli eventi quando accadono, senza troppa programmazione. Non nascondo che mi piacerebbe molto non dover proprio pensare a questo momento perché, se il buon Dio ascolterà le mie preghiere, mi farà lavorare fino all'ultimo dei minuti a mia disposizione. Ciò non toglie, però, che dopo di me l'azienda dovrà fare il suo corso e uno dei doveri di un buon imprenditore è proprio avere questa lungimiranza.

Nel caso del Gruppo Pro-Gest, il mio senso di responsabilità nel salvaguardare la stabilità dell'azienda e anche qualche convenienza fiscale mi hanno spinto a iniziare a pensare a questo processo poco più di dieci anni fa attraverso la cessione ai miei figli della maggioranza delle quote societarie. Era fondamentale programmare, ma soprattutto darci il tempo per trovare e abituarci a nuovi equilibri.

I miei figli lavoravano tutti in azienda già da diversi anni; del resto, come ho scritto, ho fatto sì che annusassero la carta sin da bambini e, man mano che crescevano, è stato naturale per loro iniziare a lavorare con me, prima dando una mano durante i mesi estivi, poi, una volta terminato il loro percorso di studi, ricoprendo un ruolo ben definito nei diversi comparti aziendali.

Ero ben consapevole delle tante aziende che si erano viste costrette a vendere a causa di una certa inadeguatezza da parte degli eredi, ma anche dei problemi derivati dai conflitti con il fondatore, che a volte non aveva riposto abbastanza fiducia in chi ne aveva preso il posto.

Non ho mai pensato che i miei figli fossero inadeguati a succedermi, gli anni trascorsi lavorando insieme hanno contribuito a radicare in me la fiducia nelle loro capacità, ma vi assicuro che per un imprenditore che ha sempre fatto tutto da solo ci vuole tempo per imparare a condividere il potere.

Il primo passo è stato cedere la maggioranza a Benedetta, Alessandra, Valentina e Francesco in maniera indivisa. Ho immaginato che essere azionisti andasse a radicare ulteriormente quel senso di responsabilità e appartenenza che già contraddistingueva il loro lavoro. Il passaggio delle quote è avvenuto con la stesura di un patto di famiglia e a fronte di alcune condizioni, tra cui quella che per i primi cinque anni i miei figli avrebbero dovuto lavorare insieme scegliendo un capofila; una volta terminato questo periodo, avrebbero potuto dividere le quote in parti uguali. Esiste anche un altro vincolo, ovvero l'impossibilità da parte dei miei figli di cedere le proprie quote a estranei, ma di poterlo fare solo ed esclusivamente all'interno della famiglia.

Nella pratica, in questi anni, ognuno di loro ha proseguito il lavoro che aveva svolto fino a quel momento, sviluppando e ampliando ciascuno le proprie competenze. Francesco ha iniziato con la gavetta in cartiera e ha continuato occupandosi in modo completo di questa divisione molto impegnativa. Valentina si è specializzata nel comparto del take-away ed è a capo della comunicazione del gruppo, oltre che di altre attività di famiglia extra settore. Benedetta sovrintende e sviluppa il comparto packaging industriale e ortofrutta, prendendo di fatto le redini di ciò che ha reso grande la nostra Trevikart, e coordina parte degli ondulatori. Alessandra, che vive negli Stati Uniti, ha continuato a gestire l'approvvigionamento delle materie prime che compriamo in USA, Brasile, Cile e Canada, e sviluppa contatti commerciali per la vendita di carta in ogni parte del mondo.

Mantenendo la presidenza del gruppo, ovviamente sono andato avanti anch'io con il mio lavoro, sia nella quotidianità operativa sia nelle decisioni strategiche, perché la mia volontà è quella, sì, di lasciare ai miei figli maggiore spazio, ma di farlo gradualmente per permettermi di osservarli nelle varie situazioni in cui si troveranno.

Ho iniziato forse un po' inconsciamente questa fase, in fondo l'ho fatto a soli sessant'anni, ma ho ragionato e continuo tuttora a ragionare molto su questo processo di cambiamento poiché le regole da applicare, le modalità e le tempistiche per attuarlo sono delicate e a volte sono io stesso a infrangerle.

Oggi, a oltre dieci anni dall'inizio di questo percorso tuttora in corso, posso affermare che, per quanto si possano fare programmi o previsioni, non esiste un passaggio generazionale indolore. Non a caso, l'Unione Europea da anni ha avviato riflessioni e iniziative indirizzate proprio alla promozione di un'efficace transizione tra il fondatore e i suoi successori. Evitare la sindrome dei Buddenbrook è possibile, ma nel passaggio c'è sempre qualcosa che si perde, qualche aspetto che non si era valutato abbastanza.

Nel nostro caso, forse ciò che ho sottovalutato è la diversità di vedute, la spregiudicatezza e la "fame" che ancora oggi caratterizza il mio modo di fare azienda e che si scontra con un approccio più organizzato e riflessivo, forse più manageriale, dei miei figli. D'altronde, loro sono entrati in un'azienda già grande e non sono partiti da dove sono partito io nel 1973. Capisco il loro punto di vista, anche se non sempre riesco a condividerlo fino in fondo.

Ho maturato una mia idea: il passaggio generazionale è una staffetta il cui successo dipende da quanto veloci sono gli atleti che si passano il testimone.

Non posso negarlo, ancora oggi faccio un po' fatica a cedere sulle mie posizioni, dopotutto sono un osso duro. Forse in parte è anche colpa del tono della mia voce e della mia risolutezza, perché spesso quelli che esprimo come consigli vengono percepiti come ordini perentori, anche se non è così. Qualcuno lo definirebbe conflitto generazionale, io preferisco l'espressione "differenza di vedute" perché la diversità, a mio avviso, non è un valore negativo, anzi, può aiutarci a riflettere, a osservare la realtà da un altro punto di vista, a metterci in discussione, basta avere l'apertura mentale per farlo. Quello che è importante è che ciò che accende lo scontro deve trasformarsi in uno spunto di dialogo perché, nonostante la prospettiva differente, si riesca a cercare un compromesso che tenga conto di tutti i fattori in campo. Magari non allo stesso modo di come abbiamo fatto finora, ma sono fermamente convinto che il nostro gruppo continuerà ad andare avanti forte e con successo. Lo so, sono un'ottimista, ma ho sempre guardato al futuro, investito, speso oggi quello che avrei guadagnato domani, e tutto in un'ottica di crescita. Come se, senza rendermene conto fino in fondo, volessi alimentare la condizione di ricerca continua di riscatto che acceso in me la prima miccia cercando i primi lavori in paese.

A volte dimentico che i miei figli non possono essere mossi dallo stesso sentimento. Sono loro che dovranno capire la propria strada e soprattutto cercare la motivazione personale ogni giorno, che Pro-Gest sia nel loro futuro o meno. Spesso mi rimproverano che non abbia mai detto loro che erano bravi e hanno ragione, io non sono mai stato uno che ama elogiare. Quando prendevano un bel voto a scuola, per me avevano solo fatto il loro dovere. Quando trattavano il prezzo di un acquisto, avrebbero sempre potuto fare qualcosa di più. Quando eccellevano in qualcosa, non mi sono mai dimostrato troppo orgoglioso di loro. Ho sempre pensato che questo li avrebbe spinti a adagiarsi e a non dare il meglio di loro stessi la volta successiva, ma anche che abbia contribuito a farli crescere intelligenti, ambiziosi, forti e con sani valori. Non so se ho fatto bene o male, ma sono sicuro che ho fatto ciò che per me era il massimo. Dopotutto, essere genitore è il lavoro più difficile che esista e io, forse, ho anche cercato di starci un po' alla larga.

Oggi i miei figli si ritrovano a fare impresa in un mondo diverso dal mio, in un momento storico ed economico completamente cambiato. L'epoca che ha visto nascere e crescere il Bruno imprenditore erano anni in cui l'inflazione oscillava tra il 20 e il 24% e, se contraevi un debito, magari per comprare un capannone che valeva un miliardo di lire, dopo sei mesi avevi la possibilità di rivenderlo a un prezzo maggiorato anche del 30-35%. Oggi un investimento in questi termini sarebbe impossibile, il mercato è più saturo e più globale, le opportunità ci sono sempre, ma per coglierle bisogna essere solidi e non basta una buona idea imprenditoriale. Il mercato del lavoro è completamente diverso, le competenze e lo sviluppo tecnologico impongono scelte costose e investimenti duraturi. Dunque, è giusto che i miei figli siano più prudenti, organizzati e aperti mentalmente per analizzare le situazioni e che io cerchi di comprendere e andare incontro al loro modo di fare impresa.

Non è per niente facile e, se dicessi il contrario, mentirei.

Ben venga un buon fatturato, il raggiungimento di nuovi mercati, i risultati economici e gli obiettivi occupazionali, ma tutto ciò non deve esistere solo ed esclusivamente perché esistiamo noi, ma perché la struttura che abbiamo creato è in grado di funzionare anche in nostra assenza.

Ecco, se potessi dare un consiglio a chi sta pensando come affrontare il passaggio generazionale, sarebbe di non aspettare l'ultimo giorno, ma di programmarlo, pensarlo, studiarlo, valutando i pro e i contro di ogni opzione, e soprattutto digerirlo fino in fondo.

Capire che non c'è più grande successo per un imprenditore che creare tutte le condizioni grazie alle quali la propria azienda possa sopravvivergli. Capire che il passaggio generazionale non deve essere un avvenimento anagrafico, ma una scelta compresa e voluta prima di tutto dal fondatore stesso.

CAPITOLO 14

GUARDANDO AL FUTURO

Nella foce del Livenza, a Porto Santa Margherita, vicino a Caorle, c'è una darsena che si chiama Marina4 dove ho sempre amato passeggiare. Da giovane trascorrevo ore e ore sulle banchine a osservare le barche ormeggiate, a guardare chi c'era a bordo e sognavo di comprarne una e di essere anch'io uno di quegli uomini con i capelli accarezzati dal vento e lo sguardo rivolto a un orizzonte fatto di solo mare. La barca era uno status, un simbolo di chi ce l'aveva fatta, un traguardo che sembrava irrealizzabile, viste le mie origini povere.

Un saggio, non ricordo bene chi, ha però affermato che la vita e i sogni sono fogli di uno stesso libro. Non posso che dargli ragione perché intorno alla metà degli anni Ottanta sono riuscito a realizzare il mio sogno e ho comprato *Navy*, la tanto desiderata barca. Se tra il dire e il fare c'è di mezzo il mare, tra me e *Navy*, ovviamente, non poteva esserci altro che la carta.

Il primo anno sono riuscito a godermela un po'. Il secondo un po' meno. Il terzo è coinciso con l'acquisto di Cartitalia, dunque sono stato costretto a fare una scelta. Ancora una volta, il lavoro ha avuto la meglio su un possibile svago, ma a questo punto del racconto credo fosse facile immaginarlo. Dopo un paio di estati in cui abbiamo esplorato la Croazia e l'isola di Albarella, ho venduto la barca e lasciato andare via il sogno. Le responsabilità a cui dover far fronte erano tante, il mare dopotutto poteva aspettare.

Concreto è forse l'aggettivo che più di tutti definisce ciò che sono stato e continuo a essere ancora oggi. Se si dice, si fa.

Qualcuno direbbe anche determinato, caparbio, stacanovista, ostinato. Io mi definisco un ottimista. Chi si ferma è perduto e io di perdermi non avevo alcuna intenzione.

Sono figlio del secondo dopoguerra, di un'Italia che aveva lottato per mandar via il nemico e che, dopo essersi risollevata dalle macerie, si è rimboccata le maniche e ha indirizzato tutte le sue forze in un elaborato processo di ricostruzione.

Il 1950, l'anno della mia nascita, vide, tra le altre cose, la produzione dell'iconica Lettera 22 della Olivetti e la prima vittoria nel campionato di Formula 1 di Nino Farina sulla sua Alfa Romeo. L'Italia stava vivendo quella che alcuni storici hanno definito la sua età dell'oro, ma la ferita lasciata dalla guerra era ancora aperta: la mia famiglia, così come tante altre famiglie italiane, aveva vissuto momenti molto difficili e i miei genitori avevano trasmesso a me e alle mie sorelle la profonda consapevolezza di quelle difficoltà, ma anche lo spirito di sacrificio e l'ambizione necessari per superarle.

Era importante che mi impegnassi, che trovassi un lavoro sicuro in grado di garantirmi uno stipendio a fine mese. Gli affanni e le difficoltà non sarebbero mancati, ma un'entrata fissa rappresentava ai loro occhi la possibilità di godere di quel benessere di cui il conflitto mondiale li aveva privati. Non c'era tempo per pensare a ciò che avremmo voluto fare o a ciò che saremmo voluti diventare, bisognava crescere, rimboccarsi le maniche e, se necessario, lavorare senza chiedersi che ora o che giorno fosse.

Sacrificio e responsabilità erano le due rotaie di quel binario che ci avrebbe condotti all'età adulta senza troppe fermate. Un'età adulta che arrivava molto presto, al massimo tra i venti e i venticinque anni, e che ci vedeva entusiasti e motivati, anche se non potevamo godere dell'aiuto economico dei nostri genitori o se, per andare al lavoro, dovevamo percorrere diversi chilometri al giorno in condizioni non particolarmente facili.

Ricordo che i giovani della mia età, se non avevano un lavoro nei campi, aspiravano ad andare a lavorare nel grande polo petrolchimico di Porto Marghera, a ridosso di Venezia. Anche i miei genitori hanno spesso cercato di farmi ragionare sulla tranquillità di avere "un lavoro fisso". Ogni mattina alle sei e mezzo avrei preso l'autobus per timbrare in tempo il mio cartellino. Inizio ore otto, termine alle diciassette. Finito il turno, avrei ripreso l'autobus, sarei tornato a casa, il tempo di cenare e poi a letto, così da riposare le ore necessarie a ricaricarmi prima che la sveglia suonasse di nuovo. Ogni giorno uguale a quello dopo e a quello dopo ancora. Puntuale come lo stipendio che sarebbe arrivato il 28 del mese, così il peso della fatica sarebbe sembrato più leggero per qualche giorno. Non si trattava di uno stipendio esorbitante, ma nella sua modestia avrebbe permesso di vivere in maniera decorosa, fare progetti, programmare il matrimonio, costruire una famiglia, crescere i figli con la tranquillità di un lavoro sicuro. E se eri bravo a gestire i risparmi, potevi anche pensare di acquistare casa. Di sicuro, un mutuo avrebbe comportato ulteriori sacrifici, ma a quel tempo eravamo già abituati a tirare la cinghia e una casa di proprietà era certamente un buon motivo per tirarla un po' di più. Trovavamo la forza in quel desiderio di rivalsa che credo sia stato il motore che ha dato la spinta alle piccole, grandi aziende che sono nate nel Nord e che ancora oggi rappresentano un tassello importante dell'economia italiana. Imprese che con il passare del tempo sono cresciute, alcune più di altre, e che sono diventate fonte di reddito per chi, come me, non aveva paura di sacrificarsi pur di costruire un futuro migliore del presente offerto dal dopoguerra.

Ed è stato sempre questo stesso desiderio di rivalsa a spingermi a mettermi in proprio, a intraprendere una strada più rischiosa, più imprevedibile, più ambiziosa. La strada che mi ha portato dove sono oggi. Era un destino già scritto? Non saprei dirlo.

Durante l'adolescenza, a circa sedici anni, c'è stato un momento in cui ho immaginato di fare come tanti miei coetanei e andare in Svizzera a cercar fortuna. Sarebbe piaciuto anche a me tornare a casa, a Zero Branco, durante il periodo estivo, con una macchina nuova e lo stesso sorriso che segnava i volti di alcuni amici. Del resto, per me che avevo terminato gli studi con la quinta elementare il lavoro in fabbrica sembrava l'unica strada da percorrere. Gli impieghi statali richiedevano altri titoli di studio e una preparazione che io non avevo. Forse potevo aspirare a indossare l'uniforme, arruolarmi come carabiniere, ma all'epoca era la Svizzera la terra delle opportunità.

Una cosa però era certa: qualsiasi strada avessi scelto, qualsiasi lavoro avessi fatto, lo avrei fatto nel migliore dei modi perché ero così, sono così, non mi sono mai accontentato della mediocrità. Se una cosa la faccio, la faccio bene fino in fondo o non la faccio proprio. Il proverbio "Chi si accontenta, gode" non mi è mai piaciuto.

Io volevo emergere.

Dovevo fare di più.

Avrei fatto di più.

Ho fatto di più.

Ho anche corso qualche rischio in più, ma sempre grazie al sostegno della mia famiglia, ai sacrifici di tutti.

C'è un aneddoto che spesso io e le mie figlie più grandi ricordiamo e che nel suo piccolo è la rappresentazione di questo spirito di sacrificio a cui ci siamo convertiti tutti. Una domenica, durante una passeggiata sul lago di Garda, ci ritrovammo davanti a una bellissima gelateria e in quel momento le voci delle mie figlie diedero vita a un coro unanime. Erano solo delle bambine, ovviamente reclamavano il gelato. Ero combattuto. Da una parte, c'era il desiderio di accontentarle; dall'altra, quel magone che mi accompagnava sempre e che mi spingeva costantemente a risparmiare perché ero convinto che ogni singola lira potesse recarci un beneficio che andava al di là del suo reale valore economico. Quel giorno le convinsi a rinunciare, così come in tante altre occasioni che sono venute in seguito. Anni dopo, però, quando la nostra situazione era cambiata e c'era qualche soldino in più, tutti e quattro hanno potuto godere di un'ottima coppa gelato, anzi, se non ricordo male, qualcuno non ha nemmeno finito di mangiarla da quanto era grande.

Questo aneddoto racconta in parte anche il padre che sono stato. Non uno di quei padri che viziano i figli con giocattoli, caramelle o colazioni al bar tutte le mattine. Non li ho mai accontentati in tutto, non sono mai stato prodigo nel "superfluo", ma solo nell'"essenziale" o, almeno, ciò che a mio avviso è da considerarsi tale ai miei figli non è mai mancato. Quando, ad esempio, hanno manifestato il desiderio di studiare all'estero, ho subito appoggiato la loro iniziativa in cui ho visto una grande opportunità, nella convinzione che una buona conoscenza della lingua inglese li avrebbe avvantaggiati e avrebbe rappresentato quella marcia in più per farsi valere nel mondo del lavoro. Per me lo studio non era stata un'opzione possibile, tant'è che per anni mi sono esercitato a scrivere a mano e a macchina lunghe lettere d'amore a mia moglie prima di sposarci, ma non volevo assolutamente che mancasse ai miei figli. Sono certo che questo sia un grande valore per loro e per l'azienda in cui lavorano e, anche se per mia indole ancora oggi tendo a voler avere la prima e l'ultima parola, allo stesso tempo ho iniziato a metabolizzare la necessità di dover fare un passo indietro e dare più ascolto alle loro voci, sforzandomi di accettare il loro punto di vista, sebbene spesso sia diametralmente opposto al mio.

Il mare ha aspettato abbastanza e, a poco meno di settant'anni, sono riuscito a comprare di nuovo una barca. Appena possibile, è lì che mi piace trascorrere il mio tempo libero o, meglio, quello che mi sono imposto di ritagliarmi. Mi rilassa, mi aiuta a mettere da parte i pensieri e le preoccupazioni, perché con gli anni ho iniziato a sentire la necessità di un piccolo momento alla settimana da dedicare a me stesso. Chiudo gli occhi, che purtroppo ultimamente vedono sempre meno chiaro, e ascolto il mare, respiro il vento e ripenso a quello che è stato.

Se guardo indietro, sono soddisfatto e orgoglioso di tutto ciò che ho fatto, prima di tutto per me stesso, per il riscatto che ho dato alla mia famiglia, al mio paese, al mio cognome.

Al piccolo Bruno direi di non aver paura di tirare il suo carretto da una parte all'altra della piazza per racimolare qualche soldo, di proseguire per la sua strada a testa alta perché le sue idee, le sue ambizioni e i sacrifici che si ritroverà a fare lo porteranno molto lontano, sicuramente più di quanto avrebbe mai immaginato.

Al giovane Bruno direi di essere forte, di non abbattersi di fronte a ciò che sembra insormontabile, di continuare a percorrere la filiera della carta che sarà il futuro. Gli direi di continuare a tenersi stretti i suoi collaboratori più fidati perché senza una squadra motivata non si va da nessuna parte, che ci saranno tanti momenti da celebrare e tanti di paura e ansia, ma che solo rischiando si vince veramente.

Al Bruno degli ultimi dieci anni consiglierei anche di essere un po' più prudente, di cercare di rallentare un pochino e di avere il tempo di seguire meglio le questioni strategiche, ma in fondo non posso dire sia andata così male.

Se guardo avanti, invece, il futuro oggi ha più di un nome: Anna, Victoria, Rebecca, Emma, Riccardo, Benjamin, Terence, Giulio, i miei nipoti. Mi piace pensare che gli insegnamenti e i valori con i quali ho cresciuto i miei figli continueranno in parte a vivere in loro. Non sono un nonno tutto baci e abbracci, non ricordo i loro compleanni, non li chiamo per sentire come stanno e non li riempio di regali. Forse a tratti sono un po' burbero, ma quando ci sono loro, tutto è più bello e più allegro e mi sforzo davvero di godermi un po' di tempo insieme.

Per ora la più grande, Anna, vive in California, ha ventiquattro anni e sta facendo le sue prime esperienze di lavoro nel mondo moderno. Victoria ne compie diciotto ed è appena stata ammessa alla University of California a Los Angeles, con l'orgoglio di tutta la famiglia. Rebecca ed Emma hanno sedici anni. La prima sta cercando di fare dell'equitazione la sua vita, gareggia con il suo cavallo Jamaica e ogni week-end supera ostacoli sempre più alti. Emma è una bravissima studentessa, una ragazza molto disciplinata e educata e non perde occasione per aiutare anche noi nonni. E dopo quattro femmine sono arrivati quattro maschi che adesso hanno tra i nove e i tre anni. Sono molto curioso di vedere che cosa farà ognuno di loro e di scoprire se qualcuno avrà più di altri il gene imprenditoriale del nonno.

Le sfide più grandi sono sempre quelle con noi stessi, no?

Chissà che il tempo che passa non mi aiuti a riscoprire un Bruno meno duro e più amorevole, più vicino ai sentimenti di quanto non lo sia stato in tutta la vita. Un Bruno affettuoso e tranquillo, che si possa godere tutto quello per cui ha lavorato tanto. Un Bruno che nella scala dei valori metta davanti l'amore. Un Bruno che possa finalmente essere orgoglioso dei suoi figli e che faccia quello che non ha mai fatto: dire loro quanto sono bravi e quanto si siano guadagnati la sua fiducia.

E se è vero che la famiglia non la scegli, ma è un dono, io di certo non potevo ricevere regalo più grande.

POSTFAZIONE

Benedetta Zago

Sono entrata nel "mondo della carta" che ero appena una bambina. Non è stato difficile inserirmi, del resto, non conoscevo altri mondi.

Sono la figlia maggiore, la prima di tre sorelle e del tanto desiderato maschio, dunque ho pagato lo scotto di questo "primato".

Mio padre è da sempre una persona carismatica, responsabile ma anche severa e rigorosa, e conquistare i miei spazi non è stato facile. A volte questa sua severità può sembrare disinteresse, in realtà credo sia semplicemente frutto dell'educazione che ha ricevuto. È un uomo figlio del suo tempo, di un periodo storico in cui affettuosità e smancerie erano ritenute superflue. La dedizione al lavoro e i risultati raggiunti sono stati e continuano a essere il suo modo di volerci bene perché tutti gli sforzi e i sacrifici che ha fatto, come non ha mai smesso di ripeterci nostra madre, sono stati orientati a garantirci, tra le altre cose, una vita migliore di quella vissuta da lui durante la sua infanzia e adolescenza. Si dice che un genitore dia ai propri figli quello che è mancato a lui, e nel caso di mio padre, probabilmente, "insegnarci a guadagnarci una vita agiata" è stato il modo per darci quello che lui non aveva avuto dal suo. Sono stata fortunata, quando all'età di sedici anni gli ho chiesto di fare un'esperienza all'estero e frequentare il quarto anno delle superiori negli Stati Uniti, non ha mostrato alcuna esitazione nel dirmi di sì. Sebbene sia nato in un piccolo paese della provincia trevigiana, mio padre ha sempre guardato al mondo con grande curiosità, convinto che viaggiare e imparare nuove lingue ci avrebbe aiutato non solo ad avere una visione più ampia della realtà ma soprattutto maggiori opportunità. Quelli erano gli anni in cui avevamo da poco acquisito la Cuboxal e credo che già intravedesse le potenzialità di un risvolto internazionale nella crescita del nostro gruppo.

Terminata la scuola superiore, infatti, la conoscenza della lingua inglese maturata durante l'esperienza americana mi è valsa un posto in prima fila nella gestione di quella che oggi è un'azienda leader a livello europeo nel settore della produzione e commercializzazione di scatole per la pizza. In realtà, già da qualche anno avevo iniziato a dare una mano in azienda, ma non potevo di certo considerarmi una manager navigata, ero una giovane donna alla sua prima esperienza.

Mi sono fatta le ossa sul campo grazie agli insegnamenti di mio padre ma anche alle sue sfuriate. Sono stati gli anni in cui, un giorno alla volta, abbiamo costruito i nostri equilibri e in cui abbiamo viaggiato insieme per stringere nuovi rapporti con aziende del Nord Europa. In realtà, i primi viaggi con mio padre risalgono al periodo in cui frequentavo le scuole elementari. Ne ricordo uno in particolare a Venezia, da cui siamo rientrati con dei bellissimi cigni in vetro per mia sorella Alessandra, un vaso di cristallo per mia madre e un cestino di perline che ancora fa parte dei miei ricordi d'infanzia. E ovviamente con un prezioso ordine di scatole per lampadari.

Negli anni a seguire, quando ho iniziato a lavorare in azienda, siamo stati in Germania, dove le giornate erano così piene di impegni che alla sera mi addormentavo letteralmente sui tavoli dei ristoranti. Poi alle isole Canarie, a Vienna, in Danimarca, in Finlandia.

Di ogni viaggio e di ogni persona incontrata ho ricordi molto nitidi e vivi, oltre che insegnamenti preziosi che fanno parte del mio lavoro quotidiano.

Sembra ieri, eppure sono passati già venticinque anni da quando siamo andati a visitare le cartiere in Svezia. Mi colpì l'imponenza dei loro impianti, ma soprattutto quell'essere già tecnologicamente avanzati rispetto ad altri nel mondo. Di questo viaggio però ricordo anche le grandi bevute. Era estate e il giorno sembrava non volesse finire mai, così durante un'uscita con alcuni fornitori non ci rendemmo conto che l'orologio segnava le due di notte e che stavamo bevendo birra da ore. Lavoro e famiglia sono sempre stati un tutt'uno, e con il suo esempio mio padre mi ha insegnato ad avere rispetto per ciò che ha costruito, a impegnarmi per sentirmi realizzata, a portare a termine gli impegni presi, riflettendo sempre e non sottovalutando le conseguenze delle scelte fatte. Ho trasmesso questi stessi valori alle mie figlie, Anna ed Emma, offrendo loro quel briciolo di libertà in più che forse a me è mancata e che mi ha visto percorrere una strada in un certo senso segnata, ma della quale ho subito compreso le molteplici opportunità.

Se ripenso alla me di un tempo, vedo uno spirito libero, una ribelle, una persona con un'indole completamente diversa da quella di mio padre e, oltre a darmi l'opportunità di fare un lavoro prestigioso, di rapportarmi con persone colte e intelligenti, probabilmente è stato proprio lo scontro e l'incontro tra due nature così diverse a rendermi ciò che sono oggi, una persona migliore di quella che avrei potuto essere senza i suoi rigidi insegnamenti. E sebbene sia consapevole di aver guadagnato con serietà e impegno ogni piccolo traguardo raggiunto, non posso non sentirmi grata per ciò che ho ricevuto da mio padre, un uomo con i suoi pregi e i suoi difetti, che ha fatto tanto e ancora si sente di fare per il settore della carta e per il territorio in cui è nato e cresciuto, e che ha dato vita a una realtà aziendale che può essere considerata un vanto per l'intera economia italiana.

POSTFAZIONE

Alessandra Zago

Bruno Zago è stato un padre, come tanti della sua generazione, il cui obiettivo primario era migliorare la qualità della vita della famiglia che andava allargandosi quasi quanto le aziende da lui create e cresciute negli stessi anni. Di diverso dagli altri aveva la dedizione assoluta per le cose importanti; le frivolezze non trovavano posto nelle sue giornate. Importanti per lui erano la famiglia e il lavoro, non sempre in questo ordine. Era un uomo piuttosto serio, concreto, anche severo, al contrario di alcuni zii più simpatici e divertenti, ma io non ci vedevo niente di particolarmente strano, lo trovavo un tratto del suo carattere. In casa lo rispettavamo e, certo, lo temevamo anche un po': era comune in quegli anni un senso di riverenza nei confronti dei genitori, che oggi si sta forse perdendo. Alle elementari, il primo momento della mia giornata era condiviso proprio con il papà: mentre la mamma sfaccendava per casa, lui in cucina faceva colazione con me e Benedetta. Noi ancora in pigiama e con gli occhi assonnati, lui, già pronto, vestito e profumato, sorseggiava il suo tè tiepido con zucchero e limone, spesso in piedi, con la mente già in fabbrica. Mentre, durante l'anno scolastico, noi figli lo vedevamo solo di sfuggita a colazione e a cena, le estati e le vacanze erano i momenti in cui ci godevamo il nostro papà in versione rilassata e sportiva, andando con lui in piscina e a sciare. Era molto orgoglioso sia di saper nuotare – aveva imparato contro la corrente del fiume Zero, nel nostro paese – sia di cavarsela sugli sci, sport nel quale si cimentò da solo, da adulto. A cavallo tra gli anni Ottanta e Novanta, con bimbi ormai grandicelli, insistette molto affinché anche la mamma imparasse. A sciare tutti assieme però non andammo mai… nel frattempo erano arrivate le cartiere, il lavoro sette giorni su sette e ventiquattr'ore al giorno. Nei nostri anni dell'infanzia e dell'adolescenza, Bruno sollecitava nostra madre a organizzarsi affinché noi ragazzi, oltre a brillare a scuola, ci dedicassimo allo sport e alla musica, e sceglieva di impegnarsi nel lavoro più assiduamente e a lungo, pur di consentircelo. Per me, a cinque anni iniziarono i corsi di nuoto e a sei le lezioni di pianoforte. Durante le scuole elementari cominciai a giocare a pallavolo; d'inverno si sciava e si pattinava sul ghiaccio, d'estate io e Benedetta, e più tardi anche i fratelli piccoli, frequentavamo corsi di equitazione, windsurf, tennis e vela. Appena diciannovenne, dopo un anno di studio all'estero e la maturità scientifica, presi il brevetto di pilota di elicottero in Gran Bretagna, sempre su ispirazione di Bruno che aveva deciso di acquistare l'elicottero per trasferirsi velocemente da uno stabilimento all'altro, per essere più efficace e produttivo. Nel frattempo, a dodici anni, su richiesta di mio papà, cominciai a lavorare d'estate in una delle nostre fabbriche: anche se potevamo concederci alcuni piccoli lussi, in famiglia eravamo tutti consapevoli che dovevamo guadagnarceli e, soprattutto, che il tempo non andava sprecato.

Sono molto grata a mio padre per questo avvio al lavoro piuttosto precoce, che mi ha impartito un forte senso di responsabilità e mi ha consentito di maturare e crescere. Toccare con mano i nostri prodotti di cartone nello stabilimento di Ospedaletto d'Istrana fu per me la naturale continuazione delle lunghe conversazioni sui temi di lavoro che ascoltavo la sera a tavola o la domenica mattina quando passavamo in azienda sulla via di una scampagnata fuori porta. Dopo quelle prime esperienze professionali, Bruno ha continuato a tenermi e tenere tutti i fratelli coinvolti nel business di famiglia e nella crescita di Pro-Gest. Ricordo con particolare gioia e orgoglio il primo viaggio di lavoro: avevo sedici anni e frequentavo la terza liceo scientifico. Un'azienda di settore aveva invitato mio padre ad Alicante, in Spagna, a conoscere e studiare dei nuovi e rivoluzionari contenitori per frutta e verdura completamente di cartone, un prodotto che Trevikart negli anni ha sviluppato in numerose versioni e con tecnologie innovative per il trasporto e la conservazione di ortaggi freschi e frutta. Assieme visitammo immense serre di pomodori e partecipammo direttamente sul campo ai test di resistenza e robustezza sulle "cassette" di cartone, pur capendo pochissimo, sia io sia lui, la lingua spagnola! A questo viaggio ne seguirono numerosi altri in Europa e negli Stati Uniti negli ultimi anni del liceo e durante gli studi universitari: con Giancarlo Giacomin andai a dare uno sguardo al settore della raccolta della carta da macero in USA vent'anni prima rispetto a quando il gruppo avrebbe ufficialmente iniziato ad approvvigionarsi direttamente dalle Americhe; con Benedetta, a malapena ventenni, visitammo clienti di Cuboxal in tutta Europa; durante gli studi di Commercio Estero, trascorsi un'estate come tirocinante presso un centro di raccolta di materia prima secondaria, ad Augsburg, nel Sud della Germania. E nell'ultimo decennio, già da tempo professionalmente attiva negli Stati Uniti, mi sono avventurata, spesso da sola, nel Centro e Sud America, per l'approvvigionamento di materie prime per il gruppo. Il promotore di ogni esperienza era sempre mio padre, da lui partiva il suggerimento e l'invito a esplorare oltre i miei confini, sia geografici sia di competenze. Talvolta anche i confini emotivi.

Anni dopo, nel 2003, fu proprio lui a cambiare le sorti della mia vita. La decisione di trasferirmi a vivere e lavorare in California si concretizzò da un'intuizione di Bruno, in una calda sera di agosto, quando io e lui eravamo da soli a cena e quasi tutta l'Italia in ferie. Ebbe l'idea di incaricarmi, assieme al mio futuro marito, di fondare la distribuzione diretta dei prodotti AXO Sport, un marchio allora di proprietà della famiglia, dalla nostra sede vicino a Los Angeles, gestendone design, produzione e vendite verso alcuni importanti mercati export. Riconosco in mio padre il promotore del mio "sogno americano", al quale sono vent'anni che continuo a credere, malgrado le deviazioni dal percorso iniziale.

Nonostante la distanza, poiché viviamo all'estero, io, Nicola e le nostre ragazze siamo riusciti a mantenere un forte legame con l'Italia e con la nostra famiglia. So che questo è avvenuto anche grazie al lavoro che ci accomuna e ci unisce. Victoria e Rebecca, le nostre figlie, sono sempre state affascinate dalla storia del nonno, che racconto loro instancabilmente, arricchendola di sfumature, da quando sono nate. Quand'erano più piccole, non sono mancate le visite dei nonni in California, di cui conserviamo dei bellissimi ricordi, mentre negli ultimi anni, siamo stati noi a passare periodi più lunghi in Italia.

Nel 2018, quando mio padre aveva da poco acquisito lo storico Asiago Sporting Hotel, una sera d'inverno le ragazze lo interrogarono sul tipo di struttura che stava progettando. Lui seduto sul divano dell'appartamento di Asiago, loro per terra sul tappeto, due bambine di tredici e undici anni che intrattenevano con il nonno una conversazione "di lavoro" sull'albergo dalle luci spente dietro le impalcature per la ristrutturazione, a pochi metri da noi, fuori dalla finestra, oltre la piazza. L'una chiedeva quante stanze avrebbe avuto, l'altra che tipo di ristorante avremmo aperto: a lui si illuminavano gli occhi nel pensare assieme a loro a questa nuova avventura imprenditoriale. A pochi anni di distanza, entrambe lavorano in un ristorante italiano nella nostra cittadina californiana e mi piace riconoscere in loro la *legacy* di mio padre e, doveroso aggiungere, di mia madre che, oltre a essere stata anche lei una grande lavoratrice, lo ha sempre appoggiato.

Qualche anno fa, durante un incontro con un cliente statunitense presso una delle nostre cartiere, Francesco proiettò per i nostri ospiti il video delle varie fasi della ricostruzione della fabbrica sospesa di Mantova. Nel filmato padre e figlio compaiono fianco a fianco, in cantiere oppure impegnati in riunioni tecniche davanti ai progetti della futura macchina continua. A fine visione, il cliente chiese se Bruno fosse, di formazione, un ingegnere. Francesco rispose prontamente di no e, sorridendo, disse che era un attore. Fu una battuta, ma per me anche una rivelazione. Lontano dalla videocamera, un "attore" è colui che agisce, che prende parte attiva o diretta in una vicenda, in contrapposizione allo "spettatore". E certamente questo è Bruno Zago: l'autore, artefice e attore – talvolta solo, altre volte leader di famigliari e fidati collaboratori – del suo destino e della sua storia; un uomo, un padre e un imprenditore instancabile e inarrestabile, anche di fronte alle molte difficoltà che si è trovato ad affrontare, e noi con lui.

Lui stesso si è definito spregiudicato, azzardato nelle scelte e nelle decisioni. Ha fatto del rischio la sua forza e ha continuato a costruire la sua visione di impresa per oltre cinquant'anni, incurante delle critiche, degli ostacoli, delle invidie.

Tempo fa ha acquisito da un'artista locale una scultura rappresentante un uomo che regge a fatica un ombrello sotto la pioggia: l'impermeabile sbatacchiato dal forte vento, l'ombrello schiacciato dalla bufera, il corpo ricurvo in avanti. "Sono io" – ha detto – "l'uomo controvento".

POSTFAZIONE

Valentina Zago

Il signor Zago si sente fin dal fondo del corridoio quando si schiarisce la voce. Si annusa dalla scia di profumo che lascia dietro a sé, lo stesso da che io ho memoria. La sua presenza si sente semplicemente nell'aria quando arriva e non importa se ci raggiunge a piedi o in elicottero, la forza e il rumore sono gli stessi.

Semina terrore, come dico io scherzando, in realtà non troppo. Mio padre è sempre positivo e ottimista, questa è una grande qualità che un po' gli invidio. È stato un vero precursore di una modernità in anticipo sui tempi, tipico della prima generazione di audaci imprenditori che come lui, hanno inventato il mondo dopo la guerra. È un imprenditore luminare e visionario, e ho rivissuto ancora una volta la sua storia aiutandolo nella stesura di questo libro che lo ha visto davvero impegnato con grande entusiasmo e puntualità. Più e più volte gli ho chiesto di non dimenticare il lato umano, di raccontare aneddoti, di trasmettere sentimento nella sua storia. Non è stato facile per lui, d'altronde ai suoi tempi queste non erano cose importanti. La cosa importante era fare, costruire, guadagnare, riscattarsi con tanto sacrificio, lasciando a pochi minuti al giorno qualche riflessione profonda, come quelle racchiuse nelle lettere che usava scrivere a mia madre quando erano fidanzati.

Il primo giorno di lavoro mi disse: "La prima cosa che devi fare al mattino quando arrivi in azienda è uscire in fabbrica e fare un giro fuori in produzione, salutare tutti, vedere se le cose procedono come devono. Se tieni questo contatto giornaliero con la tua squadra, avrai sempre la situazione sotto controllo". Dopo tre, quattro passi si accorse che avevo le mani in tasca e non fece passare più di dieci secondi per riprendermi con forza, dicendomi che nessuno deve permettersi di stare in fabbrica con le mani in tasca, neanche il padrone.

Dare sempre l'esempio è uno dei suoi grandi insegnamenti, forse il più importante che ho ricevuto. Un valore che tutti intorno a lui hanno avuto modo di apprezzare. È anche l'insegnamento che maggiormente ha alimentato il mio più grande limite in età adulta: un certo senso di inadeguatezza e la smisurata ricerca della perfezione. D'altronde, vi assicuro che avere un leader lavorativo come Bruno Zago ti stimola a far emergere tutte le tue doti migliori e a inventarti anche quelle che non hai. Un imprinting che indiscutibilmente ha trasmesso non solo a me e ai miei fratelli, ma anche a molte delle persone che lavorano o hanno lavorato con lui.

Mio papà ha la mia stessa capacità di commuoversi, mi piace avere questo tratto in comune, denota un lato umano che da fuori difficilmente si percepisce dal personaggio autoritario, a tratti eccentrico, che ha caratterizzato il signor Zago che conosce la gente. Però, il più delle volte lui si commuove per il lavoro, quando ricorda momenti importanti e che gli riportano alla memoria le tappe più significative della sua carriera, mentre io difficilmente mi emoziono fino alle lacrime per quello. L'idea che mi sono fatta è che queste siano in fondo tutte le lacrime che non ha potuto versare quando era bambino perché lui bambino non lo è quasi mai stato.

L'altra dote incredibile che gli riconosco è di essere un negoziatore esemplare, ci ha insegnato a non vergognarci di trattare i prezzi e a chiedere lo sconto quando possibile. D'altronde, "il mondo è metà da vendere e metà da comprare" ci ha sempre detto e in questa frase si racchiude la sua strategia nel cogliere le opportunità migliori e favorire l'incontro tra domanda e offerta.

Di sicuro, mio padre ha avuto un ruolo determinante nello sviluppo della mia personalità, ho cercato di stargli vicino più che potevo per imparare i suoi segreti, l'ho emulato cercando di compiacerlo, l'ho contraddetto con forza quando non ero d'accordo, l'ho amato e odiato a giorni alterni, l'ho sentito vicino e lontanissimo.

Gli sono infinitamente grata per le possibilità e la vita agiata che mi ha regalato, ma soprattutto per i valori che, insieme a mia madre, mi ha trasmesso, anche con insegnamenti duri e severi che in un primo momento potevano sembrare delle ingiustizie. Anche quando per me e mio fratello si ordinava solo una pizza e una Coca-Cola, perché meglio alzarsi con un po' di fame che sprecare.

Le sue intuizioni lavorative sono un'importante eredità da portare avanti, un complesso sistema di doveri che noi quattro figli abbiamo iniziato a respirare e toccare fin dall'infanzia, un impegno che a volte, lo ammetto, ha dimensioni smisurate. Avrei voluto un padre diverso? A volte forse un pensiero c'è stato, ma con il tempo e la maturità ho capito che sono una figlia molto fortunata perché ho avuto un esempio positivo che mi ha sempre spronato a essere una persona migliore.

Il ricordo più bello che ho di noi due è quel tardo pomeriggio in cui mi ha insegnato a ormeggiare la mia barca a vela. Un'imprecazione dopo l'altra, continuava a urlarmi di andare più piano, di prenderla più larga e di usare un colpetto di retro e, dopo aver ripetuto la manovra una ventina di volte avanti e indietro, che ormai si faceva buio, siamo tornati a casa in silenzio. Ero sfinita, ma quel giorno mio papà mi aveva insegnato a tornare in porto. Un insegnamento unico e solo per me.

POSTFAZIONE

Francesco Zago

Tra i ricordi che mi legano a mio padre, ce n'è uno che oggi sembra più forte di altri. Questo ricordo mi riporta al 2007, quando iniziai a lavorare a Villa Lagarina. La cartiera era entrata a far parte del nostro gruppo nel 2005 e da quel momento non c'era stato giorno in cui Bruno non avesse dedicato parte del suo tempo a quello che ancora oggi è l'impianto più grande, più moderno e più tecnologico d'Italia.

Avevo terminato da poco gli studi universitari e, una volta rientrato dagli Stati Uniti, dove avevo conseguito la laurea in International Business, era stato naturale rimboccarmi le maniche e iniziare a lavorare nell'azienda di famiglia.

In realtà, prima di immergermi completamente nel mondo della carta, avrei voluto concedermi un breve periodo sabbatico. Avevo preso la patente nautica e mi sarebbe piaciuto fare un'esperienza del tutto nuova e lavorare durante i mesi estivi come istruttore di vela in un villaggio vacanze. Del resto, mi ero laureato con la lode in quattro anni e, pur non rinunciando ai momenti di svago tipici della vita universitaria, non avevo mai perso di vista il mio obiettivo: studiare, laurearmi, tornare a casa e iniziare a lavorare nelle aziende del gruppo. L'idea del villaggio vacanze non piacque per niente a mio padre; mi disse che era il momento di decidere quando diventare grande, mettendomi davanti a una scelta: godermi l'estate o iniziare la mia vita da adulto. Ovviamente scelsi la seconda, e quella mattina di inizio estate del 2007, alle prime luci dell'alba, lasciai sul tavolo il biglietto d'aereo per il villaggio e partii molto presto per

Villa Lagarina, dove mi trasferii poco dopo e dove vivo tuttora. Ero molto grato a mio padre per l'opportunità che mi aveva dato, la maggior parte dei miei amici non avevano avuto la mia stessa possibilità e intraprendere gli studi universitari negli Stati Uniti. Quindi, mi rimboccai le maniche, determinato a dimostrare a lui, e a tutta la famiglia, che avevo meritato questo privilegio.

Ma a essere sincero, più che la gratitudine, a spingermi verso questa scelta è stata l'ammirazione che ho sempre nutrito per ciò che mio padre ha fatto, per ciò che è riuscito a costruire, per quel senso del dovere che è alla base dell'educazione mia e delle mie sorelle, e che è uno dei principali valori su cui i miei genitori hanno costruito la nostra famiglia.

La cartiera è una brutta bestia che lavora ventiquattr'ore al giorno, sette giorni su sette, è letteralmente un lavoro sporco, oltre a comportare la gestione di macchinari di industria pesante molto complessi. Le preoccupazioni sono all'ordine del giorno, ed è proprio a un momento difficile che si lega il mio ricordo.

Stavamo costruendo e avviando il più nuovo, moderno e complicato impianto cartario d'Italia e i problemi si presentavano uno dietro l'altro. Qualche volta per me era difficile tenere duro e trascinare la mia squadra, dopo che i malfunzionamenti ci avevano costretto a lavorare tutta la notte...

Una mattina particolarmente difficile, entrai stravolto da una nottataccia nel mio ufficio, che fino a poco tempo prima era l'ufficio di mio padre, e notai sull'attaccapanni dei vestiti sporchi di pasta di carta. Sembravano guardarmi. Erano stati indossati da mio padre, qualche mese prima, in un'analoga giornata difficile, in cui era stato insieme agli operai, ad aiutarli e a dare il buon esempio.

In quel momento non rappresentavano per me dei semplici abiti, ma il modello di come mio padre ha sempre impostato il suo lavoro e gestito le sue aziende.

Una guida lontana da inutili piedistalli, ma sempre al fianco dei suoi dipendenti, sempre pronta a sporcarsi le mani, a immedesimarsi nelle problematiche e disponibile a trovare insieme una soluzione. Questo è ciò che è sempre stato il lavoro per mio padre, ed è ciò che poi è diventato per me.

Seppur sporchi, i suoi vestiti da lavoro sono rimasti appesi nel mio ufficio per anni, non ho mai voluto toglierli… erano un monito per l'uomo e l'imprenditore che ogni giorno mi sforzavo di essere e che spero di essere diventato. Ho sempre stimato mio padre, ho sempre voluto ricalcare le sue orme. Questa era la mia più grande ambizione. L'obiettivo verso il quale ho orientato i miei sforzi, sacrificato il mio tempo e quello della mia famiglia. Volevo che riconoscesse in me la stessa passione e lo stesso impegno che avevano mosso le sue azioni. Volevo essere un suo degno successore, meritevole di quella fiducia che mi ha riconosciuto quando ha deciso di affidarmi la gestione di Villa Lagarina prima, e delle altre cartiere poi.

Sono cresciuto sentendo mia madre ripetere che tutto ciò che mio padre ha fatto lo ha fatto solo per noi, così quando nel 2014 sono diventato padre di Riccardo Bruno e, negli anni a seguire, prima di Benjamin Charlie, poi di Terence John, è stato quasi naturale impegnarmi ancor di più nel lavoro, frequentando con successo, nei fine settimana, anche un master MBA e delineando i ritmi della mia famiglia sul modello di quelli con i quali siamo stati cresciuti io e le mie sorelle.

Ripercorrere la storia di mio padre, della mia famiglia e di tutto ciò che abbiamo costruito insieme, per me oggi assume un significato più grande.

Dire che il lavoro nobilita l'uomo sembra una frase fatta, ma non è così. Il senso del dovere, la responsabilità e il rispetto del lavoro sono valori in cui credo, ma sono soprattutto i valori che mi ha trasmesso mio padre e che mi impegnerò a trasmettere ai miei figli.

Ed è agli uomini che saranno domani che affido la storia di Bruno Zago: un figlio, un marito, un padre, un lavoratore, ma soprattutto un visionario che ha rivoluzionato la storia dell'industria italiana della carta.

Copertina
Foto di Oliviero Toscani ©

Pubblicato per

MONDADORI ELECTA

da Mondadori Libri S.p.A.

Published by arrangement with Delia Agenzia Letteraria

Prima edizione: novembre 2023

Questo volume è stato stampato presso Elcograf S.p.A.,
Stabilimento di Cles (Trento)

Stampato in Italia – Printed in Italy